英語授業ライブラリー2

授業づくりのアイディア

視聴覚教材，チャンツ，ゲーム，パソコンの活用法

樋口忠彦・髙橋一幸 編著

教育出版

まえがき

　先日，通勤電車の中で英語授業に関する中学生の会話を耳にしました。「A先生，1年のときは "I like gyoza." やろ，2年のときは "I want to eat gyoza." や。きのうは何やと思う？ "I ate gyoza cooked by my wife." や。みんなクスクス笑ったので，ウケてると思って何度も繰り返していたけど，何で笑っていたのかわかってないみたいやった。」「そやそや，ウチのクラスでも一緒やった，寒いなあ。」「ほんまに寒いわ。」

　この二人の中学生の会話は，英語の授業づくりに貴重なヒントを示唆しています。1年生の段階では，先生が自分の好物であるギョウザを話題に利用し，生徒の興味を引きつけることに成功したのでしょう。しかし，一度あることは二度，三度あると思い込み，学年が進み精神年齢が高くなるにつれ，生徒の興味・関心が変化することを軽視してしまったのです。

　生徒は"楽しい，よくわかる，そして英語を使って何かを成し遂げる授業"を求めています。生徒の興味・関心を引きつけるには，生徒の期待に応える工夫が必要です。そのためには，生徒の学習段階，発達段階に合った話題を掘り起こし，活動を計画し，提供しなければなりません。また言語材料についての理解を助け，多量の練習に楽しく取り組ませるために視聴覚教具や機器を活用するとともに，生徒の好むクイズ，ゲーム，ソング，映画などを活用することも不可欠です。さらに，自分の意見や気持ちを発表したり，交換する機会をできるだけ頻繁に与えることです。

　本書は，学習段階，発達段階に合った"楽しい，よくわかる，使える"授業づくりのアイディアを提供することを目的としています。編著者たちは，このような観点から本書の内容を構成し，それぞれの内容について優れた実践をされている先生方にご執筆いただきました。それゆえ，本書は明日からの授業づ

くりに役立つアイディア集であるばかりでなく，それぞれのアイディアの背後にある授業づくりの工夫の視点をお読み取りいただけば，先生独自の授業づくりのアイディアを開発する上で大いに参考になるはずです。

次に，各執筆者の担当箇所を紹介しておきます。

樋口　忠彦(近畿大学)　本書の内容構成，内容調整，まえがき，第1章
髙橋　一幸(神奈川大学)　本書の内容構成，内容調整，第2～5章はじめに
稲岡　章代(姫路市立神南中学校)　第2章1節，第3章2節
久保野雅史(筑波大学附属駒場中・高等学校)　第2章2節，第4章2節
二宮　正男(東京都世田谷区立希望丘中学校)　第2章3節1, 2，第3章3節
池上　稔(富士見中・高等学校)　第2章3節3，第3章1節
金森　強(長崎ウエスレヤン大学)　第4章1節
金井　友厚(大阪教育大学附属天王寺中学校)　第4章3節1～9
松井　正(樟蔭高等学校)　第4章3節10～12, 17～19
和田　憲明(神戸大学発達科学部附属住吉中学校)　第4章3節13～16
国方　太司(大阪成蹊短期大学)　第4章3節20～28
高井　潤(富田林市立明治池中学校)　第5章1, 2節
鶴岡　重雄(大阪府立枚方高等学校)　第5章3, 4節

なお，中学校用検定教科書に言及する場合，以下の略号を使用します。

EE：EVERYDAY　ENGLISH（中教出版）
NH：NEW　HORIZON　English Course（東京書籍）
OW：ONE　WORLD　English Course（教育出版）
SS：SUNSHINE　ENGLISH　COURSE（開隆堂出版）〔アルファベット順〕

最後に，先生のクラスで目を輝かせて生き生き授業に取り組む生徒が，一人でも多く増えることを願っております。

平成13年9月

編著者　樋口忠彦，髙橋一幸

目　次

まえがき　iii

第1章　生徒が生き生き動く授業とは ─────────────1

1節　生徒が生き生き活動する授業の共通点 ……………………1
2節　生徒を生き生き活動させるための基本的な方向 …………5

第2章　視聴覚教材活用のアイディア ─────────────7

はじめに …………………………………………………………7
1節　視覚教材 ……………………………………………………8
　1　絵・写真・広告・ポスター　8
　2　小道具　18
　3　OHC（Over Head Camera）　24
　4　フラッシュカード　26
2節　聴覚教材 …………………………………………………30
　1　テープ，CD など　30
　2　ラジオ・テレビ講座　33
3節　視聴覚教材 ………………………………………………38
　1　ビデオ　38
　2　映画　43
　3　LL（Language Laboratory）　49

第3章　歌，チャンツ，早口ことば活用のアイディア ──56

はじめに ………………………………………………………56

1節　歌 …………………………………………………………57
2節　チャンツ …………………………………………………67
3節　早口ことば ………………………………………………75

第4章　クイズ，パズル，ゲーム活用のアイディア ────78

はじめに ………………………………………………………78
1節　クイズ ……………………………………………………79
　1　20 Questions──20の扉　79
　2　Memory Game　81
　3　Quiz Grand Prix──What's the biggest lake in the world?　84
　4　Quiz──What country is this?　87
　5　Riddles　89
　6　True or False Quiz（分詞の後置修飾）　91
2節　パズル ……………………………………………………93
　1　あらかじめ文字・単語が印刷されている活動　94
　2　生徒が文字・単語を記入していく活動　97
3節　ゲーム …………………………………………………103
　1　「私の言う通り」(Simon Says & Sticky Game)　103
　2　「何を持っているのかな？」(Guessing Game)
　　　──特別疑問文① What　104
　3　「あなたは～しますか？」(インタビュー・ビンゴ)
　　　──一般動詞の疑問文　106
　4　「こちらは～です」(変形伝言ゲーム)
　　　──主語と be 動詞の呼応　108
　5　「こんな人いるかな？」(Find someone who...)
　　　──助動詞 can　110
　6　Poor Jack から Pancho Comancho へ
　　　──3単現（一般動詞）　112

7 「私はだ～れ？」（Twenty Questions：20の扉）
　　——特別疑問文② 114
8 Matching Game——名詞の単数・複数 116
9 「ただ今～しております」（実況中継）——現在進行形 118
10 神経衰弱（Concentration）——受動態 120
11 英語百人一首——関係代名詞（主格） 123
12 インタビュー・ビンゴ——現在完了形（経験） 124
13 まちがい探し（Spot the Differences）
　　——現在完了形（完了） 126
14 変形フルーツバスケット——現在完了形（継続） 128
15 Q＆Aゲーム——接続節 130
16 Simonの命令・依頼の伝達ゲーム
　　——SV（tell, ask）O＋to不定詞 132
17 NG Chain Story——SVOC 133
18 借り物ゲーム——SVOO 135
19 インストラクターを探せ——SVO（＝疑問詞＋to不定詞） 136
20 手伝いゲーム（Sorry, I have to do something.）
　　——have to 139
21 職業ドミノ（Domino）——不定詞（名詞的用法） 142
22 ばば抜き（Old Maid）——不定詞（副詞的用法） 144
23 探し物ビンゴ（Bingo）——不定詞（形容詞的用法） 145
24 座席探しゲーム（Who was sitting?）——過去進行形 147
25 まちがい探し（Spot the Differences）
　　——過去時制（be動詞） 149
26 日課ゲーム（My friend's Diary）——be going to 151
27 かくれんぼゲーム（Hide and Seek）——There is構文 153
28 スケジュール調整ゲーム（Schedule Arrangement）
　　——Shall we...? 155

第5章　パソコン，電話の活用法 ————————158

　はじめに ………………………………………………………158
　1節　E-mail（電子メール）…………………………………159
　2節　ホームページ ……………………………………………170
　3節　国際電話 …………………………………………………176
　4節　テレビ国際会議 …………………………………………184

　参考文献　　189

第1章

生徒が生き生き動く授業とは

1節　生徒が生き生き活動する授業の共通点

　研究会や学会で，ある時は直接，ある時はビデオで，毎月何本かの授業を参観する機会があります。授業には，当然，生徒が生き生き活動しているものとそうでないものがあります。またどちらの授業にもいくつかの共通点が存在しますが，後者は前者の裏返しのように思われます。そこで，前者の授業に共通することがらを整理し，生徒が目を輝かせ生き生き活動する授業づくりのヒントを探ってみます。

（1）　英語でのやりとりが多い

　まず気づくことは，生徒が生き生き活動する授業では，「英語の授業は英語を使うのがあたりまえ」といった雰囲気で，教師も生徒も英語をドンドン使っていることです。生徒は使えるようになるために英語を学習しているのですから，英語を聞き，話す機会の多い授業に，生き生き取り組むのは当然のことです。時々，「英語で授業を進めると，つまずいている生徒のつまずきを加速するのでは……」と心配される先生がおられますが，心配する必要はありません。つまずいている生徒たちの中にも「もっと英語を使って授業を進めて欲しい」と願っている生徒がたくさんおります。大切な点は，身ぶりや表情を豊かに，できるだけ平易な英語で，生徒の反応を確かめながら語りかけてやることです。また生徒が英語で進める授業に慣れていなければ，教師の話す英語の量

や教師と生徒の英語でのやりとりの機会を少しずつ増やしていくことです。

（2） 興味・関心を引きつける巧みな工夫

　生徒が生き生き活動する授業では，授業過程全般で生徒の興味・関心を喚起する工夫がなされています。例えば新教材の導入では，言語材料や生徒の発達段階にふさわしい仕掛けを工夫し，"アッ！"，"アレッ！" と生徒を驚かせたり，"オヤッ，どうしてだ" と生徒の好奇心を巧みに刺激しています。興味・関心を喚起された生徒は学習に神経を集中し，新しい知識や規則をより容易に気づき，発見していきます。また楽しい活動であれば，生徒は機械的な練習にも熱中し，これらの知識や規則を効率的に身につけていきます。要は，日頃から生徒と十分にコミュニケーションを図り，生徒の興味・関心を把握しておくことです。

（3） しっかり理解させている

　新出の文法や文型はしっかり理解させておかないことには，いくら練習しても身につきません。オーラルイントロダクションやインタアクションを通して生徒に発見させたこれらの形，意味，使い方を簡潔に整理し，理解の徹底が図られています。またその際，新しく学習したことがらとこれまでに学習してきたことがらとの関係——例えば，過去時制はどのような時に使い，現在完了はどのような時に使うのかについて整理がなされています。こうすることによって，生徒の既習の文法体系に新しく学習した文法の位置づけが明確になされ，理解がいっそう深まります。

（4） 多量の練習に楽しく取り組ませている

　新出の文法や文型の形，意味，使い方について理解を深め，慣れさせるためには，多量の練習が必要です。この種の練習はともすれば機械的で単調になり，生徒はパクパク口を開いたり閉じたりしているだけということになりがちです。これでは，自分のものにならないばかりでなく使えるようになりませ

ん。生徒の興味を喚起し，夢中になって練習に取り組ませる工夫が必要です。

生徒が生き生き活動する授業では意味をともなった口頭練習をさせたり，ゲーム化を図ったり，コミュニケーション，自己表現活動への橋渡し的な練習がなされています。この際，絵，写真，ビデオ等の視聴覚教材が活用されるとともに，ペア活動やグループ活動も上手に活用されています。

（5） 新出の文法，文型を実際に使わせている

（1）で触れたように，生徒は英語を使うために学習しているのですから，新出の文法，文型を使って，自分にとって大切な情報を友だちに伝えたり，自分が知りたい情報を友だちにたずねたり，自分の意見や気持ちを発表したりといったコミュニケーション，自己表現活動に取り組ませてあげたいものです。生徒は新しく学習したことを実際に使うことによって，形，意味，使い方を身につけていきます。使うことによって学んでいくのです。

生徒が夢中になってこの種の活動に取り組む場合，次のような工夫がなされています。まず第一に，英語で取り組むだけの価値のあるタスク，言い換えれば，生徒の興味・関心を刺激し，「やってみたい」と感じさせるタスクです。次に，英語が得意な生徒も不得意な生徒も取り組めるように工夫がなされています。三つ目は，新出の文法，文型のみを使用させるタスクではなく，既習事項も使用する必要性のあるタスクが与えられています。これは活動内容を豊かにするだけでなく，既習事項をスパイラル状に使用することによってそれらの定着に効果的であり，同時に新出の文法，文型の使い方について理解を深め，自分のものにしていく上で大いに役立ちます。

（6） 複数の技能を有機的に関連づけた活動に取り組ませている

生徒は英語が話せるようになりたいと思っていますが，まとまりのあることを話す機会を与えると，「話すことがない」，「何を話したらよいのかわからない」という生徒も多いようです。このような場合，例えば一分間スピーチであれば，当該のテーマについて教師がモデルスピーチをしたり，スピーチに含む

べき事項を示してやることです。また当該のテーマに関連する適切なリーディング教材を与え，自分の考えや気持ちをまとめさせ発表させるのも効果的です。読んだ内容が刺激になり，より深く考え，考えた内容を上手にまとめ発表しようという気持ちになるからです。これは，「書くことがない」，「何を書いたよいのかわからない」という場合もあてはまります。もう一つ例をあげると，あるテーマについて何回か連続して毎時間異なるペアと one minute chat をさせた後，当該のテーマについてクリエイティブ・ライティングに取り組ませると，友だちと話した内容を整理しながらどんどん書いていきます。以上のように，生徒が容易に取り組め，かつ内容のあるスピーキング，ライティングの活動を楽しませるためには，他技能と関連させたタスクを計画することです。

（7） スピーチタイムを設定し，「話す」機会を頻繁に与えている

中学3年生ぐらいになると英語学習，環境問題，生き方，などを話題にしたスピーチ，ディスカッション，ディベート等で，友だちの話に熱心に耳を傾け，自分の意見を積極的に発表する光景を見かけることがあります。ところで，このような能力や態度を育成するにはどうすればよいのでしょうか。

このような授業が展開されるクラスでは，1年生の早い段階から毎時5分～10分程度あて，いわば「スピーチタイム」といった時間を設定しています。そして，スピーチを全員の前で発表したり，スキットを全員の前で演じたり，one minute chat のようにペアで会話したりといった機会を頻繁に与えているようです。友だちの前で，自分の意見や気持ちを，まとまりのある内容として発表したり，自分なりの創意工夫を凝らして作成したものを演ずることによって，話すことに慣れさせ，コミュニケーション，自己表現の喜びと自信を味わわせています。このような体験を通して，生徒たちは「次の機会にはもっと上手に，もっと内容のあることを話したい」と動機づけられているようです。

（8） 中・長期的な到達目標を設定し，その達成を目指している

生徒が教師や友だちの英語に熱心に耳を傾け，伸び伸びと自分の考えや気持

ちを発表する授業を実践されている教師は，必ず，中・長期的な視点に立った，明確で具体的な到達目標を設定しています。学年の最初の授業で，例えば3年生であれば「学年の終わりには，全員でディベートをしよう」と呼びかけ，到達目標を生徒に明示しています。

・1年生……ペアでスキットを創作し，上演する。
・2年生……身近なことについて，わずかな準備時間でスピーチを行う。
・3年生……ディベートを行う。

教師のこのような呼びかけに，当然，生徒たちは英語学習に対して動機づけられ，方向づけられます。そして，学年末には「ディベートができるようになりたい」といったように，学習意欲が高まります。その結果，学年の到達目標達成のために設定された各学期の到達目標達成に，ひいては毎日の授業に意欲的に取り組むという好循環をもたらします。学校や生徒の実態を考慮しながら，学年や学期の到達目標を設定し，毎日の授業を充実したものにしていきたいものです。

2節　生徒を生き生き活動させるための基本的な方向

1節では生徒が生き生き活動する授業に見られる共通点を取り上げ，生徒を生き生き活動させている理由とより生き生き活動させるための留意点を示しました。本節では，これらの根底にある基本的な方向について検討してみます。

(1)　興味・関心，意欲，態度の階層性

興味・関心，態度を同列に並べて考えがちですが，これは少々問題です。
興味・関心を喚起するということは，学習者に，学習内容に注意を向けさせ，気づきや発見を促すために行います。意欲を育てるということは，学習や課題をやりとげることによって喜びや楽しみを味わわせ，その結果，自ら進んでやろうとする気持ちを育てることです。そして態度は，学習や課題に価値を見いだし，それに優先的に取り組めるようになったとき形成されたことになり

ます。興味・関心，意欲，態度は並列的なものではなく，階層的なものです。したがって，学習や学年が進むにつれ，興味・関心の喚起から意欲の育成，さらに意欲の育成から態度の形成へと少しずつ比重を移行させながら授業づくりを考えることが大切です。

（2） 注入型の授業と活動型の授業

英語の授業では，次の図のように一斉授業を通して知識，技能を注入したり，全員に同じ答えを求める画一的な練習は必要です。しかし教師が一方的に教え込むばかりでは興味・関心は高まりません。「使える」知識・技能は身につきません。教師と生徒の英語でのやりとりや活動を通して知識や技能を獲得させたり，生徒によって答えが異なる活動，自分なりに工夫して解決する活動，友だちとペアやグループでお互いの持ち味を発揮できる創造的な活動に取り組ませ，英語学習に対する意欲を高めさせることは不可欠です。英語の授業では，学習活動のねらいに応じて両者をバランスよく使い分けることが大切です。

（3） 自ら学ぶ意欲を育てるために——個々の生徒と深くかかわる

鹿毛（2000）は，学ぶ意欲の統合的構造として，学ぶ対象・内容にこだわる「内容こだわり型意欲」，教師や友だちとの人間関係にこだわりがあって学ぶ「関係こだわり型意欲」，就職，進学といった社会的・制度的条件にこだわる「条件こだわり型意欲」，人からよく思われたいといった自己像にこだわりがあって学ぶ「自己こだわり型意欲」をあげ，自ら学ぶ意欲はこれら4種類の意欲の統合体であるとしています。そして，この意欲の構造にかたよりが生じないように相互につなげていくために，教師が一人ひとりの子どもと関わる重要性を指摘しています。生徒が意欲的に生き生き活動する授業を展開するには鹿毛のいう4種類の意欲を相互につなげていく努力，工夫が必要です。

第2章

視聴覚教材活用のアイディア

はじめに

　新学習指導要領では,「聞くこと」,「話すこと」を中心とした実践的コミュニケーション能力を育成することが,わが国の英語教育の主たる目標として掲げられています。生徒にオーラル・コミュニケーション（OC）能力を育成するためには,まず,教師自身が目標言語である英語をコミュニケーションの手段として教室で積極的に使用すること,すなわち,あいさつや指示などの教室英語に留まらず,できる限り英語で授業を進めることが不可欠です。しかし,音声言語だけで多様な学力の生徒の理解を保証することはやさしいことではありません。「だから日本語で…」と諦めずに,理解を助け促進する手立てを考えたいものです。絵や写真,実物等の視覚教材（visual aids）は,英語で進める授業の強力なサポーターとなります。

　OCといえば,スピーキング活動を連想しがちですが,それを支える基礎・基本はリスニング能力にあります。カセットテープはもとより,近年急速に普及してきたCDやMDを積極的に活用し生徒のリスニング能力を高めていくことが求められます。学校にLL教室の設備があれば,これを活用することによって,普通教室での一斉指導とは違った,学習の個別化を計ることも可能になります。実践的な英語力養成には,できる限り多くの英語に触れること（language exposure）が不可欠なことは言うまでもありません。授業との連携を図りながら,生徒の学力に合ったラジオやテレビの語学講座をうまく活用

できれば，3年間の学習時間を授業のみの場合の2倍にすることも可能です。

　ビデオや映画などの視聴覚教材は，映像世代の生徒たちの興味関心を大いに引き付けます。ビデオは教科書準拠教材や市販教材だけでなく，教師自作のビデオ，生徒たちが創作編集したビデオのプレゼンテーション，ビデオレターの交換による交流活動，ニュースの生中継など，教師のアイディアいかんによってさまざまな活用が可能です。また，映画は観るだけでなく，アフレコや字幕作りを行わせれば効果的なスピーキングやライティング活動となります。

　それぞれの機器や教材の特性を生かした活用方法を工夫してみましょう。

1節　視　覚　教　材

1　絵・写真・広告・ポスター

● 活用のねらい

　視覚教材は生徒の興味を引くだけでなく，日本語を使わなくても，その場の状況を把握し，英語を理解させるのに役立ちます。また，生徒の発話や自己表現を促すときにも大いに利用できます。なお，視聴覚教材は教室の後ろからでも見えやすく，わかりやすいものがよいでしょう。

● 活用法

（1）「絵」の活用法

　絵には，1枚もの，数枚で使用するもの（四コマまんがや紙芝居など），があります。似顔絵も利用して，生徒の身近かにある話題を絵にするとよいでしょう。また，ストーリーテリングをしながら，黒板に略画を描いたり，切り絵を貼っていくのも，生徒にとって，内容を理解しやすくするものです。

① 1枚の絵

　意味内容の理解を助け，新出の言語材料の導入や練習に利用できます。次に示すのは未来の表現 "be going to" の導入の例です。

This is Makoto and this is Kate. They like sports. What sport do they play?（生徒，答える）That's right. They like tennis. Look! They are going to … play tennis. Kate bought an ice-cream cone. She is going to eat it.

② 数コマのシリーズの絵

　新出の言語材料の導入はもとより，教科書本文のオーラル・イントロダクションの際にもよく利用されます。また，次のような数枚の絵を並べかえて，ストーリーを創作する活動にも利用できます。

　《例》　次の絵を見て，女の子になったつもりでせりふを創作しなさい。

A I like apples!

B I've had enough.

C I like grapes, too!

D I like persimmons, too!

F Fantastic! I've wanted such a fruitful tree!

③ パノラマの絵

　絵の中に多量の情報を盛り込めるので，深みのある導入や練習，活動が可能となり，活用量も多くなります。次の絵は中学3年生の分詞による後置修飾の導入に使用する例です。

《導入例》

　Look at this picture. What can you see in this picture? （生徒は自由に発言する） The sea. Some ships. A car. Some boys in the park. A dog. A clock. Some men. Some buildings. I see. Well, everyone, can you see a man walking in front of the restaurant? The man is Mr. White. He is looking for his son. Where is his son? His son is 5 years old. He is watching soccer by the clock. The boy watching soccer by the clock is Mr. White's son, Mike. Class, please repeat. The boy watching soccer is Mike. (以下，省略)

④ 線画，略画

　ストーリーを話しながら絵を描くのは，簡単ではありませんが，線画や略画を利用して，生徒の内容理解を助けましょう。どんな絵ができあがっていくのだろうかと楽しみにしながら，生徒は教師の英語にいっそう集中して聴くことでしょう。生徒は，できあがっていく絵を見て，英文内容を想像したり，確認したりできます。

《不規則動詞の導入に使用する例》

　It was a sunny day. I went fishing. I caught a big fish. Wow！ What？ Am I dreaming？ Oh, no !!!

⑤ 切り絵

　自筆の絵や教科書準拠のピクチャーカードをコピーして切り抜いて使ったり，新聞広告の自動車や家などの写真を撮っておくと役立つものです。背景には，カレンダーの風景や人物を雑誌などから切り抜いて利用しましょう。ストーリーテリングや生徒とインターラクションしながら，切り絵を動かしたり，貼りつけることもできます。切り絵の裏にマグネットを貼っておくと便利です。また，生徒の着眼を焦点化するため，絵を1か所ずつ見せていき，英文を与えていくのも，理解を促すよい方法です。次の例は広告を拡大コピーし，一部屋ずつ扉を開けるように工夫したもので，現在進行形の導入例です。

1)
T : Look at this picture. This is Kenji's house. It was Sunday afternoon. (No. 1)

2)
T :(健二のお父さんの絵を貼って) This is Kenji's father. What is he doing now? (No. 2)
Ss: ???
T :(ジェスチャーをしながら) He is washing his car. Please repeat.
Ss: He is washing his car.
T : Good. Where is Kenji?
Ss:(どこだろう……と絵を見ている)
T :(2階の一部屋を指して) This is Kenji's room.

3)
T :(健二の部屋の窓を開けて) Oh, here he is! What is Kenji doing now?
Ss: Kenji....
T : Kenji is listening to music. He is listening

to pop music. Please repeat after me. Kenji is listening to music. (No. 3)

Ss : Kenji is listening to music.

4)

T : O. K. Kenji has a younger brother. His name is Toru. What is Toru doing now?

Ss : He is....

T : Let's open the windows of his room! (徹の部屋の窓を開けて)

Well, what is he doing now? (No. 4)

Ss : He is studying....

T : What is he studying?

Ss : Uh, he is studying ... English! (自由に言う)

T : Very good. Well, everyone, let's say, "Toru is studying English now."

Ss : Toru is studying English now.

T : Perfect!

4)

(以下，同じ要領で絵についての英文を引き出す)

(2)「写真」の活用法

　実在するものや実在する人物を話題にする場合，絵よりも写真の方が表情豊かで美しく，臨場感に富み，より的確な場面設定ができます。また，生徒の写真や生徒が自分で撮った写真を使うことにより，生徒に「主役」の気分を味わわせることもできます。

① クイズ

　自分の赤ん坊のころの写真を持ち寄って"Who is this?"のクイズをして，楽しみましょう。答えがわかりにくいときのために，ヒントとなる文を2～3文用意しておくとよいでしょう。また，いろいろな動物の足（feet）の写真を集めて印刷し，何の動物の足かを当てる Whose feet are these? のクイズも，楽しいものです。写真の中に，先生の足も一緒に載せておくのもよいでしょう。生徒たちの歓声があがること，まちがいなしです。

② 人形劇

　自分の顔写真に裏から割箸で柄をつけ，人形劇をすることもできます。創作活動としてのグループ発表に向いています。

③ スピーチ

　旅行パンフレットの写真は，導入や speech に利用することもできます。次の例は，パンフレットの写真を切り抜き，作成したもので，"Where do you want to go?"というスピーチをさせるにあたり，教師がモデルスピーチを行った際に利用したものです。

T : Where do you want to go, class? I want to go to Australia. It's a nice country with some interesting animals. Have you ever seen a picture of Ayers Rock? It's a huge rock and people can climb up to the top. I want to see the sky from the top of Ayers Rock....

④ Creative Writing

　生徒にスピーチを言わせたあとで，Creative Writing Notebook にそれぞれまとめさせておくと，力作を残すことができます。次の写真は③で紹介した "Where do you want to go?" というタイトルの生徒作品です。

　過去形の指導の際，自分の小さいときのお気に入りの写真を持ってくるように前もって指示しておき，写真の説明を自由にさせる "My Story" という活動に取り組ませるのもよいでしょう。生徒たちは幼い頃を懐かしみ，楽しんで創作活動を進めます。Creative Writing Notebook にまとめさせる前にペアやグ

ループになって,思う存分,持ってきた写真についての思い出話をオーラルで話させておくと,準備していた以上に思い出すことも多くなるものです。OHC (Over Head Camera) を利用し,それぞれの写真を TV 画面やスクリーンに映し,クラス全体でスピーチショーを楽しみましょう。生徒の幼い頃の写真を見て,生徒同士そして教師と生徒の話もはずむことでしょう。

次の写真は生徒作品です。

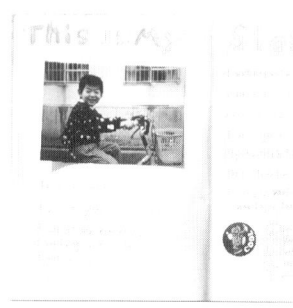

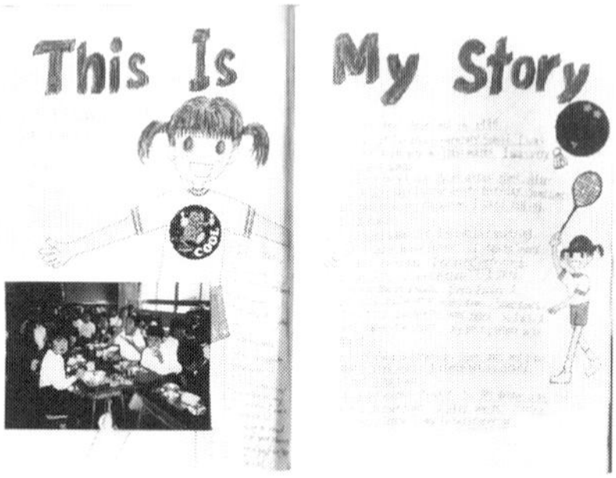

⑤ Story Making

長期の休暇を利用して,Creative Story Making に挑戦させるのもよいものです。ここに挙げる例は,夏休みの自由作品の一つで,若き女性のユーモラスな海外旅行記です。旅行のパンフレットの写真を利用しています。

(3) 「広告」の活用法

生徒たちがよく知っている店の広告や外国の広告を利用して,彼らがふだん

話しているような話題についてスキットを創作し，発表し合うのも楽しいものです。また，教師がいくつかの広告を切り貼りし，生徒の実態に合わせた広告を作成してもよいでしょう。次の例は，ALT の協力で手に入れた，外国のスーパーのバーゲンのチラシから，生徒の興味のあるような品々の広告を新たに作り，不定詞の形容詞用法の練習に利用したものです。生徒がペアで創作したスキットも紹介します。

《スキット：買物》

A : Hi. What are you doing?
B : Look. This store has a sale. I want something to wear. This knit dress is $29. It is 30% off.
A : Wow! This video is $29.95. This Saturday is my sister's birthday. I'm looking for something to give her. Shall we go to this store tomorrow?
B : Yes, let's.

（4）「ポスター」の活用法

身のまわりには各種のポスターがあふれているので，色彩が美しく，大きさも適当なものを探すのもそう苦労はないでしょう。特に，歌手や俳優，風景のポスターを利用して，生徒の興味を引きつけながら新しい言語材料の導入や練習をすることができます。

《疑問詞 whose の導入》

有名人のポスターを使っての導入例を紹介します。

T : (ポスターの上に無地の紙を置き，ポスターの人物の目の部分だけ見えるようにしておきます。ポスターの大きさが不十分な場合には，後述する OHC などを利用するのもよいでしょう)

Look at this picture.

Whose eyes are these?

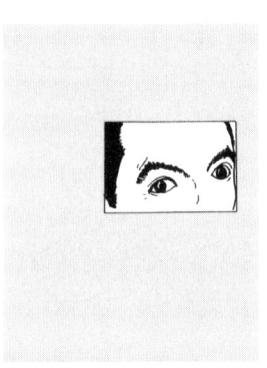

誰の目かを言い当てるのが難しいようであれば，He is a popular actor. He is from England. などとヒントを出せばよいでしょう。生徒の反応を見ながら，正解が出たところで，That's right. Mr. Bean's! と言い，覆っていた紙を取りはずし，ポスターを披露して，確認します。

2 小道具

● 活用のねらい

　小道具一つで，生徒にとって，場面や状況をつかみ，気持ちを込めた表現や演技をしやすい雰囲気をつくることができます。そこで，教師が，大きな紙袋に手を突っ込み，声の調子を変え，表情豊かに What do I have today? と言おうものなら，「今日は何が出てくるのかな」と生徒は身を乗り出して教師の手元に注目するでしょう。小道具として，実物や玩具等を効果的に使いたいものです。小道具を出すときのタイミングや発問や語りかけることばをうまく工夫して，生徒の好奇心を刺激しましょう。

● 活用法

（1）「小道具ボックス」の活用法

　2年生や3年生になると，即興でダイアログやスキットを創作し，発表をさせる機会も増えてきます。生徒たちがダイアログやスキットを発表する際，すぐに使える小道具類をダンボール箱に入れて，教室に運んでおくと便利です。生徒がよく利用する小道具として，

> 新聞，ネクタイ，エプロン，かばん，サングラス，携帯電話（おもちゃでよい），赤や青の原色のハンカチ，ハンドバッグ，花，ラケット，ボール，野球帽，レジスター，テレビのリモコン，外国のコイン，お金（おもちゃ），効果音CD，フードサンプル，コーヒーカップ，ぬいぐるみ

などが挙げられます。ペアによっては何回か続けてシリーズもののスキットを作り，いつもトレードマーク的に使用する小道具もあります。これは小道具が生徒たちの創作意欲をいかに刺激しているかを示すものでしょう。また，生徒の手作りの小道具や実物など寄贈を募れば，「小道具ボックス」の中身はどんどんと増え，次第に充実するものです。

次の例は蠟でできた大きなデコレーションケーキのフードサンプルを使ってのスキット発表の例です。このフードサンプルは生徒の保護者からの寄付でした。このように，保護者の応援のおかげで，よりいっそう楽しい授業の工夫もできます。とてもありがたいことです。

Cathy : Hello.
Clerk : May I help you?
Cathy : Yes, I want a piece of cake for my sister.
Clerk : What kind of cake do you want?
Cathy : A birthday cake with strawberries.
Clerk : How do you like this one?
Cathy : It looks delicious. How much is it?
Clerk : It's 2,500 yen.
Cathy : OK. I'll take it.
Clerk : How many candles do you need?

Cathy : Well, nine, please.

Clerk : Sure. Please wait a moment. Here you are.

Cathy : Thanks!

(2) 人　形

チームティーチングならJTEとALTがそれぞれ会話の登場人物の役割を演じれば会話のモデルを見せられますが，ソロティーチングの場合，どうすればよいでしょう。自分が一人を演じ，テープにもう一人のせりふを吹き込んで，落語家顔負けの演技で一人二役に挑戦するのもよいでしょう。また，二人目の人物の絵を描いて切り取り，割箸に貼りつけて，テープに入れておいたせりふを聴かせながら人形劇風にするのもよい方法です。

① 手袋人形

いつも同じ手法を使うと，生徒も教師もマンネリ化するものです。そこで紹介したいのは手袋で作る人形です。教師は左右の手に一つずつ人形をはめ，せりふと共に人形に動きをつけることができます。作り方は簡単です。

1. 片方の手袋を裏返しにして，もう片方の手袋の中指と薬指で結びます。
　　（写真1）

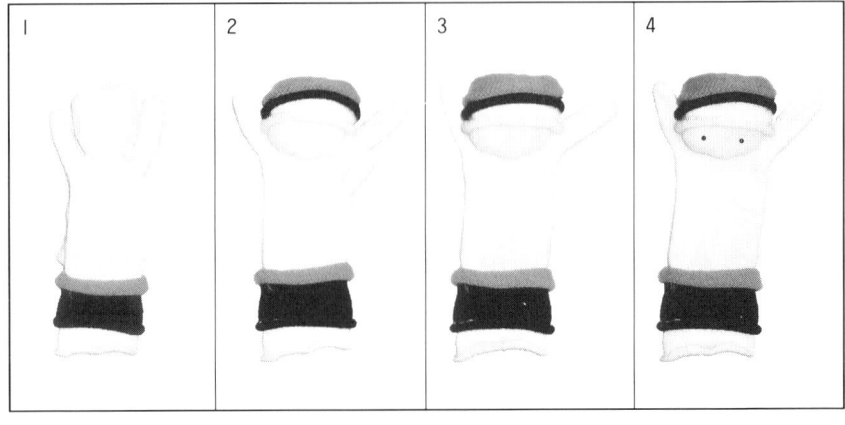

2. 裏返しになっている方の手首側を数センチ表に折り返して,もう一度表に返して,顔を作ります。(写真2)
3. 体になっている方の親指の部分は指の部分を引っ込ませて指人形の洋服のポケットにします。(写真3)
4. 指人形ができあがれば,顔にまち針を使って目をつければよいでしょう。(写真4)

　手袋人形の手の部分に自分の小指と親指を入れ,残りの3本は,手前に曲げた状態で手袋をはめます。英語を聴かせながら小指と親指を動かし,生徒の興味を引きつけ,内容理解の手助けとします。今,どちらの人形が話しているのかがわかるように,人形の動きを工夫することが大切です。せりふは教師が声色を変えて二人とものせりふを言ってもよいし,あらかじめせりふを吹き込んだテープを流してもよいでしょう。腹話術のように,片手に手袋人形をはめ,教師と人形の会話にしてもよいでしょう。

② **等身大の人形**

　等身大の人形もクラスのみんなをあっと言わせ,楽しませることができます。

　次の例は「スキットでクラスのみんなを楽しませよう」のコーナーでのスキット発表の例です。

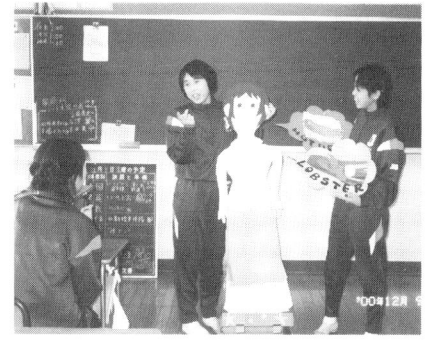

A : Hello, everyone. Today we have a guest from the U.S.A. Please come in! (Bは等身大の人形を歩かせながら入ってくる)

B : Hello. This is Sally. She is our new friend. (Bは人形の片手を挙げ,Hi!のポーズをさせる)

A : You have a nice bag, Sally. What do you have in your bag? (人形, Bに答えを教えている動作)

B : I see. She has a hamburger and a lobster from the U.S.A. Please eat. Here you are.

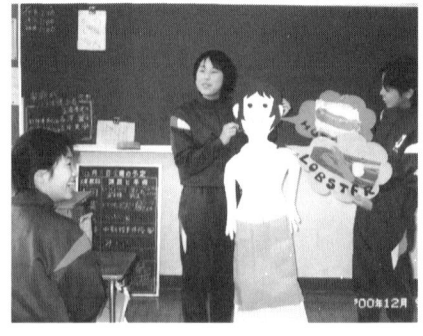

A : Wow! Thank you! Well, can you speak Japanese, Sally? (人形, うなずく)

B : Yes, she can, but only a little. Well, Sally, please tell us about you. (サリーの声のテープをスタートする)

人形 : Hi, I'm Sally, I'm from New York. Nice to meet you. (Bは人形の手を持ち, クラスの生徒たちのところに行き, 握手させる)

握手をした生徒 : Nice to meet you, too.

(3) マッチボックスマップ

マッチ箱を「道案内」練習用の地図作りに利用します。生徒には前もって、飲食店などのさまざまな商店のマッチ箱を集め、持ってくるように指示をしておきます。各班に四つ切りの色画用紙を配布し、それにマッチ箱の底を両面テープでしっかりと紙に固定させ、自由に地図を作らせます。また、地図の上を歩かせるミニチュアの人形があれば持ってくるように指示をしておきます。信号機や看板など自由に設置させます。そして、次の要領で、道案内の対話練習をさせます。

Tom: Oh, I'm lost. My friend is waiting for me at a Japanese restaurant Yoshinoya. Where is Yoshinoya?

(A girl is coming.)

Tom : Excuse me, would you tell me the way to Yoshinoya? It's a

Japanese restaurant.

Girl : Let me see. Go along this street and turn right at the second corner. You will see a bank on the left. Then, turn left. The Japanese restaurant Yoshinoya is on your right. Do you understand?

Tom : Yes, I do. I'll go along this street to the second corner and turn right. There is a bank there. I'll turn left at the bank. Then, Yoshinoya is on my right.

Girl : That's right.

Tom : Thank you very much.

Girl : You're welcome. Have a nice day!

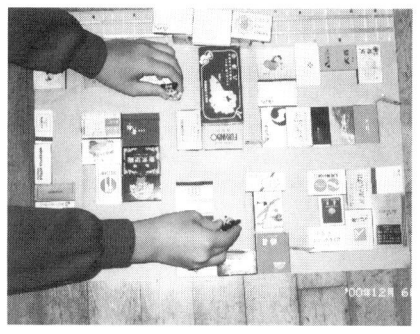

（4）「Realia」の活用法

上記の小道具の他に，諸外国で実際に使われているものを利用すれば，生徒たちの目の輝きが一層増します。世界各国の言語で書かれた新聞や民族音楽のCD，市街地地図は特に重宝します。また，海外のみやげ物屋などでよく見かけるミニチュアの国旗は，黒板に人物の絵を描き，その人物に持たせることもできるので便利です。その他，あらゆる realia は利用価値が高いのは言うまでもありません。

newspaper	book	advertisement		food		ticket
flag	map	toy	coin	music	picture	clothes
etc.						

3 OHC (Over Head Camera)

　絵や写真，また実物を見せ，それについて説明をするとき，OHC を利用して，TV に映したりスクリーンに適当な大きさに拡大して提示すると，教室の後ろの方の生徒にもよく見え，説明も理解しやすくなります。OHP と違って，トランスペアレンシー（トラペン）を使う必要がないので，手間もかかりません。OHP と同様，大量の絵を使ったり，その絵に変化をもたらしたいときにも便利です。同じ提示物でもその一部分だけをアップにして見せたり，全体を見せたり，と思うままに操作できるので助かります。また，生徒のノートやプリント等もそのまま映し出せるので，自由作文や四コマまんが等の優秀作品をクラスに見せるのも容易です。このように OHC は便利ですが，OHC の操作に夢中になって，生徒とのアイ・コンタクトなしで授業を進めてしまわないように注意することが必要です。

● 活用法
① クイズ
　ある物の一部をピントを外して OHC に映して，What's this? のクイズを楽しみましょう。いろいろの角度から大映しにできるので，楽しみも倍増します。生徒の側から答えの実物が見えてしまわないように気をつけましょう。また，人の顔写真をアウトフォーカスで映して，Who's this? のクイズもよいでしょう。全身の写真の場合は，写真の上に白紙を重ね，たとえば人物のつまさきからだんだんと全身を映す，というように写真の提示に工夫をすれば，生徒の雰囲気が盛り上がります。またはじめに，何枚かの 10 円硬貨で写真を覆っておき，1 枚ずつコインを取り除きながら Who's this? と尋ね，早く正解を出

したチームや個人に高い得点を与えるという方法でゲーム化してもおもしろいでしょう。その他，OHCにいろいろなものを数秒間映し，そのあとで，How many～? と尋ねてみましょう。メモリーゲームの要領でクラス全体で答えを言い合えます。答えを確認するときは，答えの部分を一つひとつ大きく映して確認させましょう。

② スピーチショー

スピーチショーで使用する絵や写真等をOHCを使ってTVやスクリーンに映し出し，教室全体によく見えるようにすると，聞き手の生徒たちも一層楽しむことができます。また，スピーカーの生徒も，自分の選んだ絵や写真が大映しになるので，満足感が広がるという感想を述べています。

③ 道案内（Asking the Way）

道案内や町紹介のとき，よく地図を利用しますが，OHCなら拡大して見せられるので，本物の地図（英語で書かれた地図やその土地の実際の道・店・施設等が書かれた物）を見せることも可能です。地図の上を玩具やマスコットの人形をピンセットではさんで歩かせると，生徒は楽しみながら，道案内の会話を行います。聞いている生徒も，説明が正しいかどうか確認しながら聞けます。人形の向きを右や左に変えたり，真上から見た地図を提示できるので，黒板に地図を貼ってする練習よりもわかりやすいようです。

④ Drawing the Picture

OHCで映し出された絵（または写真）を英語で説明し，他の生徒に，黒板に絵に描かせるという活動です。TVやスクリーンに映し出された絵（または写真）と黒板に描かれていく絵を同時に見ることができるので，それぞれの絵が比較でき，また，絵が描き上がったとき，どこが違うかも一目瞭然です。相違点を英語で発表させれば，より充実した活動になるでしょう。次の例はThere is (are)～. の指導例です。手順は次の通りです。

1. 班になり，1枚の絵，または写真の説明を英語で自由に言い合います。
2. 一つの班は絵，または写真をOHCでTVまたはスクリーンに映し出します。

3. 各班の代表者は黒板に描くスタンバイをします。(TVやスクリーンを見ないこと)
4. 2の班は絵，または写真の説明を英語で始めます。
5. 3の生徒は説明を聞き，黒板に絵を描いていきます。必要に応じて，説明者に質問をすることができます。
6. 絵ができあがれば，自分の絵の説明を英語で行います。
7. 本物に一番近い絵を描いた班にポイントが入ります。
8. 他の生徒はスクリーンの絵，または写真と黒板に描かれたものとの違いを英語で発表します。

4 フラッシュカード

● 活用のねらい

　フラッシュカードは，リーディングの前段階として，生徒に，カードに書かれた単語や句をフラッシュ（瞬間的に見せる）させ，声に出して読ませることによって，意味のわかった単語のスペリングと発音を一致させ，生徒の視聴覚機能を高め，短期記憶の容量を拡大させるために使用します。フラッシュカードの作成にあたっては，自分の扱いやすい紙の大きさを考えましょう。また，瞬時に何が書いてあるのかがわかるようにカードに書く文字の大きさを工夫することが大切です。新出単語だけでなく，復習の単語で生徒の理解を高めたいもの，また使い方が難しいものについても再度，カードを作り，練習に加えましょう。

● 活用法

（1） フラッシュカードの提示のコツ

　何枚かのフラッシュカードの一番上に，文字が書かれていない白紙のカードを乗せます。白紙のカードを含め，フラッシュカードの全部を両手で持ち上げます。まず，白紙のカードだけを片方の手で上にあげ，すぐ元に戻します。生

徒はフラッシュカードの1枚目の単語を瞬時に見て発音します。同じ要領で，次は，白紙の紙とフラッシュカードの1枚目を重ねて上にあげ，フラッシュカードの2枚目の単語を瞬時に読ませます。一通り，カードの単語が読めるようになれば，次に，カードをアトランダムに並べかえます。また，フラッシュさせるスピードもだんだん速くしていきます。カードを重ねて持つとき，カードの上，あるいは右の部分を少しずらして持つと，持ち上げやすくなります。

（2） フラッシュカードの作成のコツ

　フラッシュカードは，クラス全体によく見える大きさが必要です。横30〜40cm×縦9〜15cmぐらいの厚紙に，ブロック体で書きます。カードは持ちやすいように，大きさをそろえておきます。カードの端に小さく，使用学年，ページ数などをメモをしておけば，整理するときも便利です。また，フラッシュカードを効果的に利用するためには，次のような工夫をしたいものです。

① カードの裏の利用

　カードの裏を使わない手はありません。日本語で意味を書いておくのもひとつの方法ですが，その他に，意味を絵で表したり，その語を使ってのイディオムを書いたり，簡単な解説をつけたりするのもよいでしょう。表に現在形，裏に過去形という具合いに，利用してもよいでしょう。

カードの表	カードの裏
bike	（自転車の絵）
front	in front of
season	spring　summer fall　　winter

② 色の工夫

　生徒の注意を促す箇所の色を変えるのが効果的です。動詞・名詞等の規則的な語尾変化も色を変えると，一目瞭然です。たとえば，動詞の現在形の語尾変化は赤色，過去形は青色，名詞の複数形は緑色，と決めておけば，生徒も理解しやすいでしょう。また，注意をさせたい母音の部分に赤でアンダーラインを引いたり，必修語には☆印をつけたりと，自分らしい工夫をするとよいでしょう。

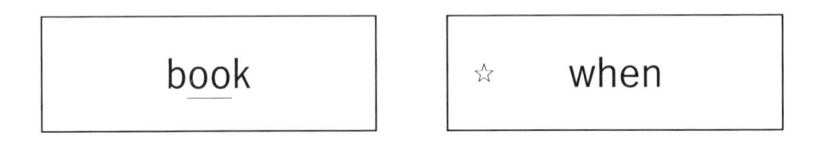

```
┌─────────────────┐    ┌─────────────────┐
│     book        │    │  ☆   when       │
│      ‾          │    │                 │
└─────────────────┘    └─────────────────┘
```

③ カードの細工

　生徒に「あっ」と思わせ，強く印象づける工夫もほしいものです。次の図のように，カードを重ねたり，はがせる接着剤を使って紙を貼っておき，説明とともにその紙を重ねたりはがしたりすると，生徒に強烈な印象を与えることができ，定着の助けとなります。次の例は基本的な一例にすぎませんが，教師の

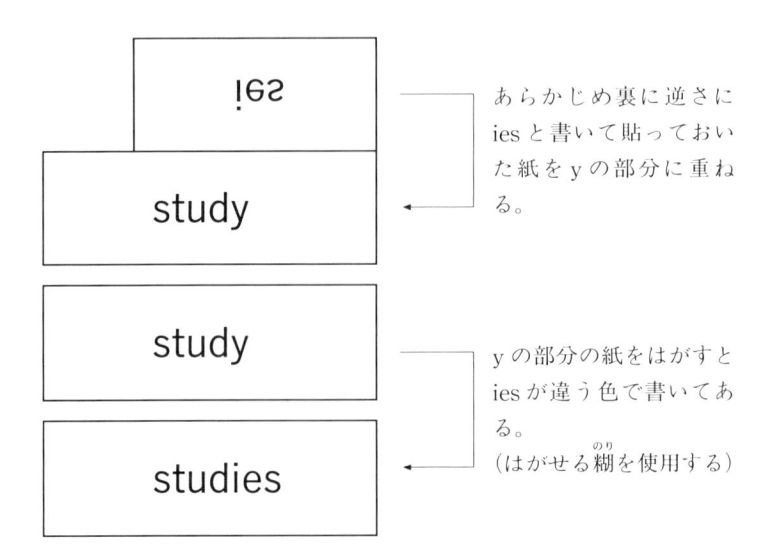

```
      ┌──────────┐
      │   ies    │ ← あらかじめ裏に逆さに
      │ (逆さ)   │   iesと書いて貼ってお
┌──────────────┐ │   いた紙をyの部分に重ね
│   study      │ │   る。
└──────────────┘

┌──────────────┐
│   study      │ ← yの部分の紙をはがすと
└──────────────┘   iesが違う色で書いてあ
┌──────────────┐   る。
│   studies    │   （はがせる糊(のり)を使用する）
└──────────────┘
```

工夫でいくらでも込み入ったカードを作成することが可能になります。

　下図のように play のカードに切り込みを入れておき，幅を狭くした助動詞 does のカードを差し込めば，3 単元の plays の説明や練習の際にもわかりやすいでしょう。

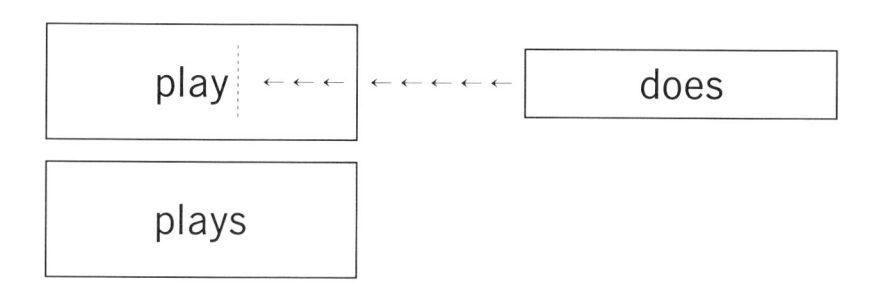

| play | ← ← ← | ← ← ← ← | does |

| plays |

2節　聴　覚　教　材

1　テープ，CDなど

● 活用のねらいと機器の選択

　聴覚教材とは，音声メディアを用いた教材です。そこで，このような音声ソフトの活用を考える前に，それを記録・再生する媒体（ハード）の特質を整理してみたいと思います。

　私たちの日常生活には聴覚機器（audio aids）があふれています。ここでは，高価な業務用の機器は対象外とし，ほとんどの学校や家庭にある家電品（家庭電気製品）の使い方を整理することにします。

　多種多様な聴覚機器ですが，機器にはそれぞれ得手不得手があります。機器（それと連動してソフト）の選定に際しては，それを正確に把握することが肝心です。これらの機器の取り扱い説明書（マニュアル）には，数多くの機能が記載されていますが，自分が本当に使いたい（よく使う）機能は意外と限られています。当面必要のない機能は思い切って無視することも必要です。

　そこで，聴覚機器を「適材適所」で使うために，次の二つの観点から機器の特性を整理してみることにします。

① 何ができるのか？／できないのか？

　カセットテープレコーダーは録音・再生が可能ですが，CDプレーヤーは再生専用のため録音はできません。しかし，再生に限ってみれば，音質面，アクセスの速さ，経年劣化の少なさ等の点でCDはカセットを大きく上回ります。

　別の言い方をすると，CDは「缶詰用法」には向いているが，「ミラー用法」には適していないということになります。ここで言う「缶詰用法」とは，あらかじめ加工済みの完成品，すなわち既成の教材やソフトを「再生する」使い方のことです。一方，「ミラー用法」とは視聴覚機器を「鏡」に見立て，そこに自らの姿を映し出す，つまり「記録してモニターする」使い方のことです。

② 機器をいつ使うのか？／使わないのか？

　職員室・放送室等で授業準備をする際に「教材作成・加工」を目的に使用するのか，それとも教室で授業中に使用するのか。どちらを想定するかによって，使用すべき機器は自ずと異なってくるはずです。

● 活用法
① カセットテープレコーダー
　長所は，ソフト（テープ）が安価で，録音・再生等の操作が簡単なことです。しかし，教材編集などでダビング（コピー）を繰り返すと音質の劣化は避けられません。また，必要な箇所を頭出しするための「早送り（fast forward）」「巻き戻し（rewind）」に時間がかかります。また，必要な箇所を探すのも手探りに近い方法を採るしかありません。以前はカウンター番号が頭出しの目安になりましたが，最近のラジカセでカウンター付きのものはまずありません。頭出しが難しい。アクセスが悪い。これがカセットの短所です。
《具体的活用法》
・「アクセスの悪さ」を解消するため，授業で使う部分はあらかじめ10分テープ（片面5分）などに編集しておきましょう。必要な部分がテープの頭にくるようにすると，早送り・巻き戻しにも時間がかかりません。
・録音機（recorder）としての機能もぜひ活用したいものです。音質に問題はありますが，ラジカセの内蔵マイクを使えば生徒の活動を簡単に記録しておくことができます。
② CD（Compact Disc）
　音声をデジタル信号に変換して記録しているため，音質の点ではカセットより数段優れています。また「アクセスが高速」なことも長所です。しかし，あらかじめ設定されたインデックスによる頭出しに限り，トラックの途中を頭出しすることはできません。また，CDは再生専用で録音ができないため，既成の素材を編集して使おうとしてもできません。この難点を解消してくれるのがMDです。

《具体的活用法》

・教科書準拠の CD は細かくトラック割りしてあるので，そのまま使えます。事前に授業で必要なトラック番号を教科書などにメモしておくと便利です。

③ MD（Mini Disc）

　カセットと CD の長所を兼ね備えたものが MD です。CD の約半分の大きさしかありませんが，標準で74分（最長80分）の録音・再生が可能です。また，CD同様の高速なアクセス（頭出し）が可能です。また，カセットと同じような感覚で自由にデジタル録音できます。MDにコピーすることによって，カセットやCDなどの音源から聴感上劣化のない音質で簡単に編集できるようになりました。MDではトラックの順番はどのようにでも変更できます。これは，ワープロで文章を校正する際に，語句や段落の入れ替えや挿入ができるのと同じ理屈です。

《具体的活用法》

・カセットをMDにコピーすると，空白（無音）部分を目印に，自動的にトラック番号が割り振られます。そのまま使ってもよいのですが，あるトラックを指定し，それに対して削除（ERASE），移動（MOVE），分割（DIVIDE），併合（COMBINE）などの操作をすることによって，使いやすいようにトラックの切れ目を変えたり順番を変えたりすることができます。リスニング問題作成時などに，たとえば1～3番の文章を録音するとします。カセットであれば，当然その順序でダビング編集を行わなければなりません。もしあとで，2番目だけ別の文章に差し替えようとすれば，1番目の文章が終わったところまでテープを巻き戻し，そこからもう一度ダビング編集をやり直さなければなりません。ところが，MDの場合はトラック2だけを消去し，そこに別の内容を挿入録音することが可能なのです。

● 演出効果，効果音としての活用法

　英語の授業で流す音声はリスニング指導用の聴覚教材だけとは限りません。ここでは，活動の演出効果として用いる BGM（background music）や効果

音（SE=sound effect）について簡単に触れておきます。BGMやSEの使用が考えられる場面には次のようなものがあります。

① 言語活動，コミュニケーション活動の開始・終了を明示するテーマ音楽
　（例）テレビのニュース番組・クイズ番組風の音楽
② 音読・レシテーションを盛り上げるBGM・SE
　（例）題材の雰囲気や文章のスタイルに合った音楽
③ 活動にメリハリをつけるSE
　（例）クイズの回答に対する「ピンポン・ブー」等のSE
④ 活動時間のタイマー代わりに用いるBGM
　（例）1分用・2分用など，活動の長さに応じて選択できるBGM

①～④のようなBGMやSEは，授業の準備の段階で学習指導案に沿ってMDに録音しておくと便利です。授業中に必要な音を「瞬時に呼び出す」という芸当はMDでなくてはできません。カセットでこれを実現しようとしたら，必要な音の数だけテープを用意する必要が生じます。

ただし，BGMやSEの使用には注意が必要です。演出上必要な場面を見極めてそこに限って使用することです。どんなによいBGMであっても授業中に鳴らし続けたのでは効果は半減です。

2　ラジオ・テレビ講座

● 活用のねらい

「語学上達に王道はない」と言われます。上達のためには「毎日勉強すること」「何度も繰り返し練習すること」というような不断の努力が欠かせません。このように地味な努力をコツコツと続けていくためには，ペースメーカーが必要となります。ラジオ・テレビの番組を視聴することは，学習のペースメーカーの役割を果たします。

また，放送番組は経済的に大変優れています。放送番組の視聴にかかるコストは市販の教材を購入する場合とは比較になりません。市販されている高価な英会話教材は購入後一定期間が経過すると，返品・返金ができません。一方，

放送番組は中途解約が随時可能な通信教育と考えることもできます。自分のレベルやペースに合わなければ，途中で教材（＝番組）を変更することも思いのままです。このように柔軟性に富んだ放送番組を活用しない手はありません。

● 放送番組の活用法

NHK の英語学習番組の内容とその活用方法を紹介します。

① NHK の英語教育番組

毎年春になると NHK 出版から『英語上達の決め手 A to Z――NHK 英語講座完全ガイド』という雑誌が発行されます。これはすべての英語教育番組の内容や講師の紹介が掲載された番組カタログのような本です。視聴する（視聴を奨める）番組を選択する際に有用な情報が得られるので，一読をお奨めします。

以下に 2001 年 4 月現在の英語教育番組を，基礎的なレベルから順に整理します。

〈ラジオ〉
- 基礎英語 1～3
- 英会話入門
- 英会話
- やさしいビジネス英語

〈テレビ〉
- えいごリアン
- 英語であそぼ
- ミニ英会話・とっさのひとこと
- はじめよう英会話
  ～スタンダード 40～
- 3 か月英会話
- 英会話
- 英語ビジネスワールド
- （・NHK 日本語講座）

ラジオ番組と学習者のレベルの関係は，中学 1～3 年生がそれぞれ『基礎英語 1－3』に，高校生が『英会話入門』『英会話』に対応すると考えてよいでしょう。

テレビ番組で中学・高校生に適しているのは，1999年度から新たに始まった『はじめよう英会話～スタンダード40～』です。この番組の特徴は，中学生レベルの英語で使用頻度が高く応用のきく40の表現（スタンダード40）を独自に選定して「話す力」を育成しようとしているところです。

② 生きた教材としての放送番組

英語学習用にプログラミングされた教育番組以外にも，学習に有効な番組は現在数多くあります。このような番組を通して生の（authentic）英語に触れることができるのです。

以前は英語を聞くための生きた教材としてはFEN（Far East Network），現在のAFN（American Forces Network）や洋画だけで，中学・高校生には難しくて手が出ませんでした。しかし現在では，テレビ（地上波）の2ヵ国語放送，BS/CS（衛星放送），CATV（ケーブルテレビ）の発達により，ドラマ，ニュース，インタビュー番組まで楽しく学べる生きた教材が簡単に手に入ります。その中で中学・高校生にもある程度理解可能な番組としてお奨めなのが，NHK教育テレビで月～金曜日の午後6時45分から日替わりで2ヵ国語放送しているアメリカのホームドラマ（「アルフ」「フルハウス」などが代表作）です。これは，中学・高校生と同年代の主役が登場するコメディーで内容的にも大変親しみやすいものになっています。

また，ラジオを利用するならば，最初は短波放送のVOA（Voice of America）で放送されている「スペシャル・イングリッシュ」という番組がよいでしょう。この番組では使用する語彙を約1500語に限定してニュースや特集を放送しています。話す速度も1分間に100語程度と聞きやすくなっています。

● 活用の具体例──授業との接続

学校教育における放送番組の利用は，次の①②に大別することができます。
① 授業用の教材（の一部）として利用する。
② 家庭学習用の教材として利用する。

①の場合は，教科書の扱いと同様に考えればよいでしょう。授業の中で，導

入と定着を図ることになります。家庭学習は，授業に付随し授業方法に応じて，予習・復習等の指示を出すことになります。

一方，②の場合には工夫が必要となります。「テキストを自分で買って家で聞いておけ」と指示するだけでは視聴の習慣化は困難です。だからといって，授業で丁寧に確認すると①の場合と区別がなくなります。かえって，家庭で視聴する必要性を奪ってしまいます。このジレンマを解消するにはどうすればよいでしょうか。そのためには「視聴を前提とした発展的言語活動」を授業に位置づける工夫が必要となります。

たとえば「スキットの対話を自分流に改作する」発展的言語活動を考えてみましょう。この活動を行うためには，スキットの内容がある程度定着している必要があります。また，改作したスキットをクラスで上演する場を設定し，表現意欲を高めることも必要です。これらが家庭学習の動機づけとなります。

以下に1999年度『NHK基礎英語1』（NHK出版）のスキットコンテストを例に，具体的に説明してみましょう。

AT THE PASSPORT CONTROL

A (*official*): What's the purpose of your visit?
B (*tourist*): <u>Sightseeing.</u>
A: How long are you going to stay in <u>the United States</u>?
B: <u>Two weeks.</u>
A: Where are you going to stay?
B: <u>With a family in Boston.</u>
A: Do you have a return ticket to <u>Tokyo</u>?
B: Yes, of course. Here it is.
A: How much money do you have with you?
B: I have <u>300 dollars and 20,000 yen</u>.
A: OK. Have a nice day.
B: Thank you.

（下線は引用者による）

オリジナルテキストを発展させる手順をいくつか紹介します。
① テキスト本文は変えずに状況を特定化することにより，話し方にバリエーションを与える。
・役割を特定化する：A(係官)やB(旅行者)の「年齢・性別・性格等」を設定しキャラクターを具体化します。たとえば，旅行者が子供か老人か，など。
・場面を特定化する：通関の混雑具合，周囲の騒々しさなど。
・ジェスチャーを加える：所持金額を聞かれて即座に答えることは困難です。そのような場合，財布を出して数える動作などを加えます。
② テキストの一部を差し替えることにより，内容を変更する。
・たとえば，下線部の地名・金額等を差し替えます。最初は1か所だけでもかまいません。これだけでずいぶんオリジナリティーが増します。
③ 語句や文を追加することにより，内容を拡充する。
「1語加える」ことから始めます。たとえば，Bの最後のせりふの次にI will. を追加するだけでもかまいません。次第に加える部分を増やし「文単位で」追加するようにしていきます。

「テキストの改作」といっても最初から大幅に加筆することは困難です。①〜③の手順でステップアップすることにより，表現意欲を具体化できる手応えを感じさせる工夫が肝心です。これが，完全なオリジナル・スキットの作成へとつながっていくのです。

3節　視聴覚教材

1　ビデオ

● 活用のねらい

　ビデオの機能としては「映像を見せる」「録画する」という二つの大きな働きがあります。したがって，活用のねらいも次の3点が考えられます。

① 教材の提示

　音声や文字だけの教材とは異なり，映像を見せると生徒は音声や文字だけのときに比べて，興味をそそられ，しかも理解が容易に深まります。また，映像を通して文字や音声だけではわからない表情やジェスチャーなどnon-verbalな面も学ぶことができます。さらに異文化を体験することもできます。

　pre-listeningとして映像だけを見せると，内容への興味を高めさせるとともに背景的知識を与えることができます。また，学習の途中や最後に見せて内容確認を行うこともできます。

② 生徒の活動の録画

　スキットやスピーチなどの活動をカメラで録画すれば，生徒はカメラやマイクを意識してカメラの方を向いて演技しなければならず，おのずと顔が上がり声が大きくなります。また，役者（俳優）になった気持ちになり，思い切って演ずることができます。

　さらに，録画したビデオを違うクラスや次年度以降の生徒に見せることによって，クラスや学年を越えて活動を提示できます。良い活動を見た生徒は，良い活動をしようと意欲を奮い立たせます。

③ 活動の評価

　ビデオで録画したものをすぐ生徒に見せて，自分の活動を自己・相互評価することができます（ミラー効果）。また，学期末や学年末に今までの活動を見ることによって，生徒が自分の成長に気づくことができ，自信や意欲につなが

ります。

　特にお奨めしたいのは，授業中に評価しにくい生徒の活動をビデオに撮っておくと，あとでゆっくり評価できて，活動（授業）に専念できることです。また教師が自分の授業を分析検討する上でも非常に有益です。

● 活用法

(1)　ビデオ紙芝居（生徒の活動録画）

　教科書には，Tom Sawyer（NH 2，EE 2 平成 4 年度版），The Wisest Man in the World（SS 3 平成 4 年度版）や The Giving Tree（NH 3 平成 4 年度版）などのように，単に読み物教材として終わらせるのでなく，reading から speaking への活動として紙芝居や劇として楽しめる題材があります。中学 1 年生の教科書（"A New Aesop Story"，EE 平成 9 年度版）に基づいたビデオ紙芝居の実践例を紹介しましょう。

　A New Aesop Story
Cat　: I'm hungry. I want some food. Look! A bird is coming this way.
　　　　And a fish, too. How lucky!
　　（途中省略）
Bird : Cat, I can fly. See?
Fish : I can fly, too. I'm a flying fish.
Cat　: Can you fly, Fish? Really? Show me. Come this way, both of you.
The fish jumps out of the water. Both the bird and the fish fly toward the cat.

　この結末は生徒それぞれが考えるようになっています。生徒は「ネコが食べられてしまった結末」や「ネコが両方を食べてしまった結末」など独自の結末を考え出します。

　紙芝居では，絵を描くのに時間がとられて，つい音読の練習が不十分にな

り，絵はすばらしいが読み方がお粗末になりがちです。ビデオ紙芝居ではこのような心配がありませんので，発音練習が十分行えます。その結果，気がついたらセリフを暗記していたという段階に到達しますので，感情を効果的に加えることも可能になります。

　紙芝居は本来，観客の反応を見ながら，ググッと引きつけ，盛り上げるのが腕の見せどころなのですが，本番でセリフをまちがえたり，欠席されたりすると，せっかくの練習がだいなしになります。そこで，事前にカセットテープにせりふと効果音などを録音しておく方法をお奨めします。自分たちの納得のいく音声テープを作成する作業を学習の中心として位置づけます。この方法ですと失敗がありません。

　あらかじめ録音してある「音声」を流しながら，「絵」をビデオに録画します。1グループ2分ぐらいでスムーズに発表・録画が可能です。

　全グループの録画が終わったら，そのビデオをクラスに見せて，生徒全員で「ビデオ作品」として紙芝居を鑑賞・評価します。各クラスで最優秀作品を互選し，全クラスで優秀作品鑑賞会を行えば，作った生徒に成就感を与えるとともに，他の生徒にとっても「次はがんばるぞ！」という強い動機づけになるでしょう。

（2）　ニュースキャスター（活動の生中継）

　自分たちでニュースを作って発表する活動です。たとえば次のニュースを放送するとします。

　　　トピック：今週の出来事
　　　取材内容：先生の1週間（週末何をして過ごしたか）
　　　取材方法：直接インタビュー

　まず，クラスを3~5人のグループに分けます。次に取材です。学校中に英語が飛び交う英語の教師冥利に尽きる瞬間です。取材したメモに基づいてニュース原稿を作成します。ほとんどの中学校の教科書にニュースの定型表現（始め方と終わり方）が出ているので参考にできます。

発表にあたり，教室をテレビスタジオのように変えて，発表方法を工夫すると雰囲気が出ます。LL 教室などのように準備室が隣にあれば，その部屋をスタジオとしてそこで録画して，隣の教室にモニターします。発表者を録画するビデオカメラの隣に小型のモニターテレビを置いておくと，発表者は自分の表情を見ながらニュースを発表することができます。また，実際のニュース番組のオープニングテーマ（日本テレビの「ズームイン朝」など）を最初に流すと雰囲気作りになるだけでなく，その音楽の終わりが原稿を読み始めるキューにもなり一石二鳥です。そして観客の生徒は本当のテレビニュースのように画面から友だちの発表を見ることができます。

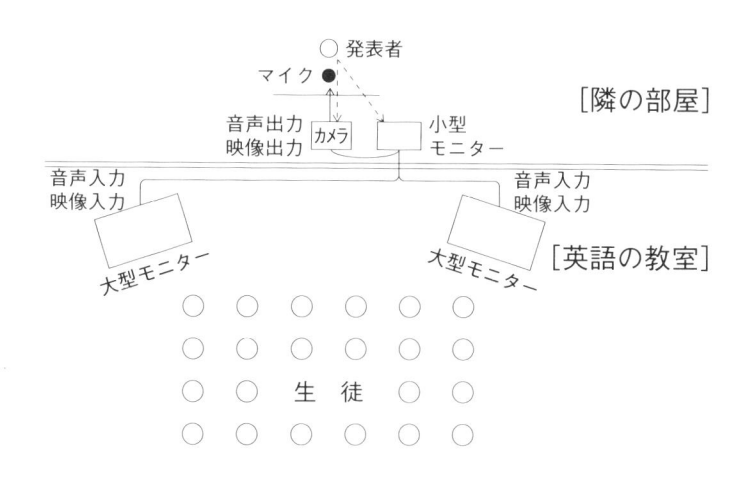

もし，隣り合わせた部屋を利用できない場合には，次の方法がよいでしょう。
① 発表をビデオカメラで録画しておき，あとからモニターしてテレビのニュース番組を見ている雰囲気を作ります。
② 黒板の前に仮設スタジオを作り，同時にモニターして，観客の生徒はテレビの画面の発表を見ます。

(3) ビデオレター (自主制作)

生徒が自分の手で自分の町や学校を紹介するビデオを作ります。まず，クラスを3～5人のグループに分けます。

最初に各グループで紹介する場面を決めます。登校風景，昼食風景や放課後の部活動などを別々に撮ってあとで編集するほうが簡単です。

次に録画した場面を説明する英文をグループで作成します。このとき，録画したそれぞれの場面の長さに合わせて説明する英文の長さを調節します。英文を下書きしたら，画面に合わせて声を出して重ねてみます。画面ピッタリの長さの英文より，英文の方が少し短めのほうが余韻が残り，よいできあがりになります。

説明の英文をアフレコするときにその画面にふさわしい音楽を選びBGMとしてバックに流したり，タイトルを入れると効果が出ます。

クラス全体で視聴して優秀な作品を選びます。学校で一番優秀な作品は，文化祭で発表したり，学区域の小学生に対する学校紹介などに実際に活用すれば，生徒にとって大きな励みとなります。

部活動や学校紹介のビデオを作って，新入生説明会やオリエンテーションに活用することもできます。また，自分の町の紹介のビデオは海外派遣で生徒が外国に行くときに持って行けばよいお土産になります。

さらにソニー教育振興財団の「マイタウン・マイライフ紹介　英語ビデオメッセージ」などに応募してみるのもよいでしょう。

2 映 画

● 活用のねらい

　映画は authentic な教材で，映像と音声とが「生の英語」を与えてくれます。教科書では状況設定が不十分なことが多いのですが，映画は「その場面ならではの表現」を同時に伝えてくれ，英語を「生きたことば」として学習することができます。また，communication の中の non-verbal な面も映像を通して学ぶことができますし，文化の違いによる行動様式の差異に気づくこともでき異文化理解教育に役に立ちます。さらには global education を目標とする「人間愛」や「環境問題」などの難しいテーマを持った教材も映画を利用することで，生徒の興味・関心を引きつけた授業の展開が可能になります。

　視覚による理解が聴覚による理解を大きく上回ってしまうため，単純に「映画を見せれば listening の力がつく」とは言えません。また，字幕を音声と同じスピードで読むことができなければ字幕はそれほど役に立ちません。むしろ字幕は映像を見る妨げになる恐れもあります。音声を聞くスピードと文字（字幕）を読むスピードがある程度近づいてきてはじめて字幕が聞き取りのヒントになってきます。

● 活用法

（1） 教科書での扱われ方

　教科書の内容理解を深める補助教材として，教科書で映画は多くの場合，次のような方法で取り上げられています。

　　ア．映画の一場面がそのまま掲載されている。The Sound of Music ('65 CBS/FOX)
　　イ．映画の一場面がやさしく書き直されている。The Sound of Music ('65 CBS/FOX), Romeo and Juliet ('68 CIC), Free Willy ('93 WHV)
　　ウ．対話形式でなく物語形式に書き直されている。Something for Joey

('77), E. T. ('82 CIC), The Miracle Worker ('62 WHV), Anne of Green Gables ('86 松竹)

エ．セリフは掲載されていないが，内容のみが紹介されている。Alice in Wonderland ('51 Disney), The Diary of Anne Frank ('59 FOX), Anne of Green Gables ('86 松竹)

オ．ドキュメンタリーとして紹介されている。We Are the World ('85 PONY CANYON)

(2) 映画の利用法

生徒の実態に応じて，次の二つの方法が考えられます。
① 教科書の学習に入る前に，興味づけや背景知識を与えるために見せる。
② 教科書の学習後，文字では得られない情報を得させたり感動を実感させる。

The Sound of Music の実践

この実践のねらいは，教科書 (SS 3 平成 4 年版) のトラップ大佐の「ナチスへの召集」の場面が，映画ではどのようなせりふや画面になっているか気づかせる点にあります。

　教科書 (p. 73)　One day my husband got a telegram from the Nazis. He said to us, "I must meet them tomorrow. I can't say 'No' to them. We must get out of Austria tonight."

まず，「ワークシート」を配り，次に，これから見せる直前の場面までを文字で理解させます。「大佐の苦悩」を映像で理解することが目的ですので，大佐の表情や声の調子に集中して視聴させます。

The Sound of Music（召集令状）

　ロルフが長女リーズルに電報を「大佐に渡してくれ」と手渡す。リーズルは新婚旅行から帰ってきた大佐に電報を手渡し，大佐は歩き去る。マリアとリーズルが話をしているとき，突然，大佐が電報を手に持って現れ

る。彼の表情は深刻だ。

1. 【画面なし，聞き取りだけ】　この場面は，誰と誰の会話の場面ですか。
2. 【画面を見ながら，CC（closed caption）なし】
   (1) どこの都市から届いた電報ですか。
   (2) 教科書では，その都市の名前のかわりに，何から届いたと書いてありますか。
3. 【画面あり，CC あり】
   (1) 大佐が「リーズル！」と言ったのは，
      ① リーズルにどうするように指示したのでしょうか。
      ② それはなぜですか。どんな気持ちだったのでしょうか。
   (2) そのとき，大佐はどのような動き（ジェスチャー）をしましたか。
4. 【画面なし】（　）内の英語を書き取ってみよう。教科書のp. 73に出てきた同じ英語です。

Captain: Liesl!

Maria: What is it?

Captain: Berlin. They've offered me a commission in their navy. I've been requested to accept immediately and report to their naval base at Bremerhaven (　*tomorrow*　).

Maria: I knew something like this would happen.
I didn't think it would be so soon.

Captain: To refuse them would be fatal for all of us. And joining them would be... unthinkable.

Captain: Get the (　*children*　) all together. Don't say anything that's going to make them worry. Just get them ready. We've got to (　*get out of*　) (　*Austria*　) and this house... (　*tonight*　).

（3） 生きた自然な場面での単語や文型・文法の導入する際の映画の利用

ア．モノの名前

E. T.（'82 CIC）の少年 Elliot が E. T. に家の中にあるものを説明している場面

イ．初対面の挨拶

Peter Pan（'53 Disney）の Peter が子供たちとはじめて会う場面

ウ．can の導入

Pinoccio（'40 Disney）の Pinoccio が妖精に動けるようにしてもらった場面，Aladdin（'92 Disney）の魔法の絨毯に乗る場面や歌

エ．must や can't などの助動詞

Cinderella（'50 Disney）の 12 時の時計で王子様に別れを告げる場面

オ．命令文

Anne of Green Gables（'86 松竹）で Anne がはじめて Marilla の家を訪れた場面，Titanic（'97 FOX）の船首で Rose が Jack に支えられて空を飛んでいる場面

カ．愛の名場面

East of Eden（'55 WARNER）のラストシーンで Abra が Cal の父に「愛されないのは辛いことです」と話しかける場面。構文としては受け身と比較表現。Armageddon（'98 パイオニア LDC）で Harry が小惑星に残る場面や，仮面の男（'97 FOX）のラストシーンで d'Artagnan が告白する場面は感動的でしかも，どちらも助動詞が豊富。

（4） 映画のせりふに生徒の声を吹き替えるアフレコとしての利用

Closed caption つきの映画のシナリオディスクや DVD は，アフレコするのにとても役立ちます。生徒は映画を listening の練習として利用するだけでなく，映画と同じ正しい発音や抑揚でスピードを合わせて練習していくうちに，

場面や状況に合わせて俳優と同じ気持ちを込めて自分の英語を話すことができるようになります。自然な場面の中で自分のせりふで覚えた英語は確実に定着します。

アフレコに取り組ませるのに効果的な映画に次のようなものがあります。

ア．アニメ Cinderella ('50 Disney), Peter Pan ('53 Disney), Aladdin ('92 Disney)

イ．Roman Holiday ('53 CIC), My Fair Lady ('64 FOX), The Neverending Story ('84 WARNER), Back to the Future 1 ('85 CIC)

Back to the Future 1 の実践

この活動のねらいは，聞き取ったせりふを画面を見ながら映画俳優になったつもりで楽しく吹き替えを行うことです。

次のような手順で進めます。まず1回目は画面を消して音声だけでせりふを書き取ります。次に英語字幕つき画面を見せて，せりふを確かめて完成します。

Back to the Future I　-5-

MARTY : Oh, yeah. What a horrible nightmare. I dreamed that I went back in time. It was terrible.

WOMAN : Well, you're safe and sound now back in good old Nineteen fifty-five.

MARTY : (　*1995*　)?

MARTY : You're my Mo-... You're my Mo-...

LORRAINE : (　*My name*　) is Lorraine ... Lorraine Baines.

MARTY : Yeah, but you're, uh, you're so, uh, you so ... (gasping) ... thin!

LORRAINE : (　*Just*　) relax, Calvin. You've got a big bruise on your (　*head*　).

MARTY：(gasping) Oh. Oh. Ooooh！(　*Where*　) are my pants？
LORRAINE：(　*Over there*　) ... on my hope chest.

手順①　せりふを完成したら，プリントで意味を確認します。
手順②　次に，アフレコする部分だけ（映画を見ないでプリントで）読む練習をします。
手順③　字幕つきの画面を見て，映画のせりふに自分の声を重ねる練習をします。スピードばかりに気を取られないで，その場にあった感情で読むようにしたいものです。
手順④　いよいよマイクを使って，字幕を見ながらせりふをアフレコしてビデオに音声を録音します。意欲的な生徒には字幕を消して画面の俳優の口の動きだけでアフレコに挑戦させるのもよいでしょう。
手順⑤　最後にアフレコしたビデオを視聴して，クラス全員で評価します。

（5）　異文化理解を深める教材としての映画の利用

単に listening 教材として利用するだけではなく，映画は異文化理解や地球問題の教材としても活用できます。次に紹介するのはこの目的に最適の映画です。

　　Witness 刑事ジョン・ブック／目撃者（'85 CIC），Dances with Wolves（'90 東和），Gorillas In The Mist 愛は霧の彼方に（'88 WHV），Pocahontas（'95 Disney）

（6）　英語の字幕作り

Closed caption がついている映画であれば，パソコンにその英語字幕をダウンロードして，活字で話し言葉の学習に利用できます。生徒に日本語の字幕を作らせ，映画の日本語字幕と比較することもできます。逆に，英語の字幕つきの「おしん」や「寅さん」などの日本の映画を利用して，英語の字幕を作らせるのもおもしろいでしょう。

著作権にさえ注意すれば、映画はいろいろ英語の授業に利用できて、「楽しく英語の力を伸ばす」教材であると言えます。

3 LL（Language Laboratory）

● 活用のねらい

　LL器材の使い方で代表的なものにインカムを使っての対話練習があります。テープを使って対話練習（ロールプレイ）をしたあと、実際にペアなどで対話をして、積極的にコミュニケーションを図ろうとする態度を養います。対話練習が効果的に行えるのは、LLならではのことです。自分の発話をセルフ・モニターできることがLLの利点です。また、数々の視聴覚器材をあわせて使うこともできます。たとえば、教材提示器（OHC）を利用して、音読の練習をさせることにより、無理なく暗唱に導くことができます。

● 活用法

（1）　本文の一部を隠しての音読練習から暗唱活動へ

① 準備物——教科書（本文のコピー），音読練習シート
② 進め方——本文の内容理解が済んだあと，音読をさせますが，音読練習はともすれば機械的な練習に陥りがちです。語彙，文法，文の流れに十分注意を払って音読させるために，LLの器材を利用した次のような工夫が効果的です。

　まず，音読させたい本文を教材提示器を使って提示します。その画面を見ながら音読させます。ある程度上手にできるようになれば，図1のように，コインなどを英文の上に置くなど，本文の一部をなんらかの方法で見えなくして音読練習をさせます。そうすることによって，本文の暗唱へと導くことができます。

　しかし，この場合だとコインを置く場所がクラスによって違ったり，コインを置くのに手間がかかったりすることもあります。そこで，OHP用のトラペ

ンを使い，あらかじめ隠す箇所をある意図を持って決めておきます。そして，それを重ねることで，意図的に英語を隠していくことができます。コインのようにクラスによって置くところがずれてしまう，というようなことは起こりません（図2）。教科書のコピーを提示して，直接マジックなどで消していってもよいでしょう。

> Good afternoon, and welcome to Japan. My name is Mari Yamada. I come from Hokkaido, and my hometown is Furano. It is very cold in winter, and there is a lot of snow.
>
> Many people go there to climb Tokachi-dake, but, as in Wisconsin, some of them just throw their garbage on the ground. Every year my school's nature club climbs the mountain and picks up the garbage.
>
> （OW 3　平成9年度版 p.8 より）

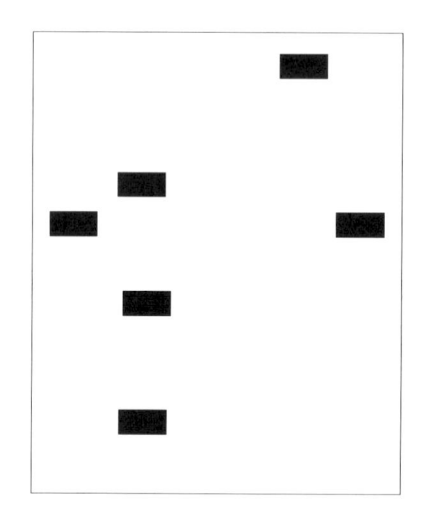

図 1

> My sister and I ■ Australia and Hong Kong last summer.
>
> We ■ to some interesting ■ in Australia. We ■ Jim's house for two weeks.
>
> We ■ a wonderful holiday in Australia and Hong Kong.
>
> We ■ many things.
> （OW 1　平成9年度版 p.92 より）

図 2

次に，音読練習のときに，各生徒に音読練習の様子を録音させ，それを聞かせます。自分の音声を聞かせながら練習させると自分の弱点を発見し，克服していきます。自分の発話をセルフ・モニターしながら練習できるのが，LL 最

大の利点のひとつです。

（2） 教科書の対話練習からオリジナルの対話練習へ

① 準備物——生徒個人のカセットテープ，違う色の帽子を描いた数枚の絵（生徒がそれぞれ持つ）

② 進め方——内容理解を済ませたあと，生徒各自のテープにテキストの会話を録音させます。

その後，ヘッドセットをつけさせて，録音された会話を聞きながら会話練習を行わせます。このとき，テキストは見ながらでもかまわないでしょう。ポーズを使ってリピートさせたあと，テープのモデルと同時に読ませます。最終段階では，テキストを見ずにテープの直後に繰り返すシャドウィング（shadowing）にまで高めることを目標にするとよいでしょう。生徒が練習しているとき，教師は生徒の個々の発話をモニターをし，発音やイントネーションについて個に応じてアドバイスを行います。

Mrs House: Excuse me?
Mr Day: Yes?
Mrs House: I want that cap.
Mr Day: That blue one?
Mrs House: No, that red one.
Mr Day: O.K. Here you are.
Mrs House: This is too small.
Mr Day: How about this one?
Mrs House: This is good. How much is it?
Mr Day: I don't know. I don't work here.

（OW 1　平成 9 年度版 p. 59 より）

次に Mrs House か Mr Day のどちらかを生徒のテープに録音させ，録音しなかった人物のせりふを練習させます。機械的に列ごとにどちらの人物を録音させるかを決めると効率がよくなります。このときも，個々の生徒の発話をモニターし，発音やイントネーションなど，必要に応じてアドバイスをします。

LL を使った練習が終わったら，ヘッドセットをはずさせ，いよいよ実際の会話練習をペアで行わせます。教科書本文そのままではなく，準備しておいた

帽子の絵を使って，自分（たち）ならという観点からオリジナル化させて会話を行わせます。

《生徒同士の会話例》

A: Excuse me?
B: Yes?
A: I want that cap.
B: That red one?
A: No, that black one.
B: O.K. Here you are.
A: Oh, this is too large.
B: How about this one?
A: This is nice. How much is it?
B: It's three thousand yen.
A: O.K. I'll take it.

このあと，ペアを替えて違う人と会話をさせたり，全員の前で演じさせることも可能です。この際，ビデオ録画をして，あとで鑑賞会をしても効果的です。

（3） 映画を使った授業例

① 準備物──生徒個人のカセットテープ
② 進め方
　a) 最初に，映画で扱う箇所を見せます。その映画の背景や登場する人物などを鑑賞させます。このとき，話される英語そのものよりも，どのような映画なのかを理解させることに主眼を置きます。
　b) 映画で使われている未習語や注意すべき表現を示し，説明や発音練習をさせます。
　c) 再度映画を見せ，今度は話される英語がどんな内容かを考えながら鑑賞

させます。このとき，生徒に各自，映画の音声を録音するように指示します。
d) 録音した教材を使い，各自，ヘッドセットを使い，シャドウィング（英語が話される直後に繰り返す）をさせます。ある程度練習させたら，プリントを配布し，せりふを確認させます。ここではじめてテキストを見せることになります。

> Marty　: Mom, ... is that you?
> Woman : There, there now.
> Marty　: Just relax.
> Woman : You've been asleep for almost nine hours now.
> Marty　: Oh, yeah. What a horrible nightmere. I dreamed that I went back in time. It was terrible.
> Woman : Well, you're safe and sound now back in good old Nineteen fifty-five.
> Marty　: Nineteen fifty-five?
> 　　　　　　　　　　　　　　　（BACK TO THE FUTURE より）

この確認作業の際，使用されている表現の機能や英語のイントネーションなどについての説明をします。
e) 再び，英語のせりふを自信が持てるくらいになるまでに練習させます。ここでも，各自自分の声も録音させ，映画の中で話されている英語に近づくように練習させます。
f) 映画を見せ，登場人物と同時に英語を話させるよう数回練習させます。
g) 音声を消した映画を見せ，登場人物になりきって，せりふを言わせるようにします。
h) LL装置のペア練習機能を使い，ペアで練習させ，最終的に録音をさせます。

最終的に録音させたものを使い，それをクラス全体で鑑賞すれば，その後の

英語学習のよい動機づけになります。さらには，録音したテープは提出させ，評価の資料として使うことができます。

（4） その他

① 家庭学習との連携

　授業中に録音した教材を，学習者が家庭に持ち帰って，復習に役立てることができます。録音した教材を聞きながら，音読の練習をしたり，あるいは，自分の練習の様子が録音されているのなら，改めてそれを聞くことで，反省の材料にできます。

② 授業中のモニター

　授業中の生徒の練習のモニターの仕方を習得すれば，授業中の活動を評価することができます。ある一定の時間がきたら自動的に次の生徒の活動がモニターできる装置もあり，大いに活用したいものです。

③ アナライザー

　多肢選択問題に使えるアナライザーの使用も生徒の興味を喚起します。

　アンケートのような場合，たとえば，Do you like sumo？という質問に対する回答の選択肢を1がYes, I do.（本当に好きである），5がNo, I don't.（本当に好きではない）という尺度に使用できます。なお，3はSo so.（好きでも嫌いでもない），2が少し好きである，4が少し嫌いである，という意味を持たせることができるでしょう。

● 今後の課題と可能性

　ほとんど使用されていないLL教室が存在しているとよく聞きます。なんともったいないことをしているのかと思います。確かに，LLでの授業は準備も大変そうだし，そもそも，機械を操作するのが面倒に感じてしまいます。しかし，LLでの授業は生徒の英語に対する興味・関心が高めます。まずは教師が少々の労力をかけて，LLへ行って器材をさわってみることです。器材の使い方にはこれといって決まったものはありません。教師が使いたいように使えば

よいのです。決して器材に振りまわされないように，その器材で何ができるのかをまず把握することが肝心です。

第**3**章

歌，チャンツ，早口ことば活用のアイディア

はじめに

　新しい中学校学習指導要領では，指導すべき言語材料の「音声」の項目中に，「語と語の連結による音変化」が付け加えられました。「聞くことや話すことなどの実践的コミュニケーション能力の基礎を養う」という目標を達成する上で，これは重要な指導項目です。自然な速度で話される英語（spoken English）では，新語の発音練習時のように，一語一語の単語が明瞭に区切って発音されることはあり得ず，冠詞，助動詞，接続詞など機能語（function words）の弱化や，連音（liaison），同化（assimilation），脱落（elision）などの音変化現象が頻繁に現れるからです。

　しかし，これらを大学での音声学の講義のように理屈だけ説明しても，中高生には理解が困難でしょう。それよりも，音読練習などの活動を通して肌で感じさせ，体験的に身につけさせたいものです。言語活動重視の昨今の授業では，地味な教科書の音読練習は軽視されがちですが，音読は英語学習の基礎・基本と言っても過言ではありません。ところが，ともすれば単調な活動になりがちなため，音読練習に対する生徒の人気は概して今ひとつのようです。どうすれば生徒の興味を引き付けて，楽しく活動に参加させながら，英語の自然なリズムや発音を身につけさせることができるのでしょうか。英語のリズム感を楽しく身につけさせるとともに，音変化の指導でも，歌，ライム（rhyme），チャンツ（chants），早口ことば（tongue twisters）などは，非常に有効な教

材となり得ます。

　歌を例に取れば，一語一語の単語を明瞭に発音していたのでは，とうてい歌のスピードについて行くことはできず，字余りになってしまいます。漫然と歌うばかりではなく，教師のちょっとした指摘や解説で，音変化に対する生徒の意識化を図ることができ，継続することによって，それらを身につけさせることが可能になります。これは，教科書の自然な音読にもつながりますし，ひいては，リスニング能力の向上にも転移するはずです。

　教師の工夫いかんによって，これらの教材を単なる雰囲気づくりのためのウォームアップ以上に，より有効に活用する方法を考えることができるのです。

1節　　歌

● 活動のねらい

　英語の歌を授業のウォーミングアップなどで歌うことにより，英語学習の雰囲気づくりだけでなく，英語特有のリズムや音変化の習得に役立ちます。また，歌詞の適当な箇所を空欄にしその箇所を聞き取っていく活動はよいリスニングの練習になるでしょう。授業で繰り返し扱うことがなくても，クリスマスなどの時節に合わせて歌を紹介すれば，英語学習に対する興味を高めることにも役立ちます。町を歩けば音楽が自然と耳に入ってくる時代なのですから，軽い気持ちで授業で歌を扱ってもよいのではないでしょうか。授業のあと，生徒が「その曲のテープがほしい」と言ってきたり，廊下で口ずさんでいる様子を見かけたり，授業で扱った歌がクラス会などで使われたりしたら，教師としてこれ以上の喜びはありません。

● 活動前の準備

　まず，考えなくてはならないのは，歌を扱う目的です。継続して歌わせるのか，継続して聴かせるのか，単発的に聴かせるのかを決めなくてはなりません。また，歌わせるにせよ聴かせるにせよ，どんな活動をさせるのかも決めな

くてはなりません。さらに，どの歌を扱うかも大切です。ドレミの歌のように簡単な歌もあれば，ヒットチャートをにぎわしているような流行歌もあります。テレビのCMやドラマで使われているような歌は生徒に受けます。英語の教師なら誰でも知ってるような名曲もあります。生徒に選ばせる方法もありますが，スラングが多いなど教材として適さないものもあるので，よく吟味して選ぶことです。教科書の巻末に載っている歌も積極的に利用したいものです。

● 活動例

(1) 単発的に歌を聴かせる

ただ単に歌を聴くだけではなく，歌詞中にある既習の単語を選んで空欄にして聞き取らせると，より集中して聴くようになります。単語レベルだけではなく，音変化のある箇所や韻を踏んでいる箇所，あるいは既習の文型，文法事項を空欄にする方法もあります。学期はじめの授業開きの日，定期試験を返却する日，授業にあまり乗らなくなったと感じたときなどに実施すればよいでしょう。

① 文型・文法事項を聞き取らせる（例：to 不定詞）
《配布プリント例》
いわゆる歌のさびで，同じ語句が繰り返されている箇所（この場合は不定詞）を空所にした例です。

左側の数字は行数を示します。これがあると，授業で曲を聴いているとき，曲のどこが流れているのか助言しやすくなるばかりではなく，答えの確認の際にとても便利です。生徒の実態に応じて何回か聞かせて，答え合わせをし，最後にもう1回聞かせます。

> テープから流れてくる歌を聞いて，空所を埋めよう。すべて同じ語句です。

心の愛（スティービィー・ワンダー）

I just called ＿＿＿＿ ＿＿＿＿ I love you

1 No New Year's Day to celebrate
2 No chocolate covered candy hearts to give away
3 No first of spring
4 No song to sing
5 In fact here's just another ordinary day
6 No April rain
7 No flowers bloom
8 No wedding Saturday within the month of June
9 But what it is, is something true
10 Made up of these three words that I must say to you

11 I just called ＿＿＿＿ ＿＿＿＿ I love you
12 I just called ＿＿＿＿ ＿＿＿＿ how much I care
13 I just called ＿＿＿＿ ＿＿＿＿ I love you
14 And I mean it from the bottom of my heart

"I JUST CALLED TO SAY I LOVE YOU"
WORDS AND MUSIC BY STEVIE WONDER
© 1984 by BLACK BULL MUSIC, INC./JOBETE MUSIC
CO., INC. Assigned for Japan to TAIYO MUSIC, INC.
Authorized for sale only in Japan.

上記の解答：to say

② 既習の語(句)を聞き取らせる

ディズニーソングの It's a small world を楽しみながら，多くの生徒にとって既習と思われる語（例えば "world"）や "after_all" の連音に注意して聞かせましょう。

IT'S A SMALL WORLD

It's a world of laughter, a world of tears
It's a world of hopes and world of fears
There's so much that we share that it's time
We're aware
It's a small world after all

There is just one moon and one golden sun
And a smile means friendship to everyone
Though the monutains divide and
The oceans are wide
It's a small world after all

It's a small world after all
It's a small world after all
It's a small world after all
It's a small, small world

IT'S A SMALL WORLD
Words and Music by Richard M. Sherman And Robert B. Sherman
© 1963 by WONDERLAND MUSIC COMPANY, INC.
Copyright Renewed.
All Rights Reserved. International Copyright Secured.
Rights for Japan controlled by YAMAHA MUSIC FOUNDATION

　生徒に指名し聞き取れた語句を発表させる場合，カタカナによる答えでもかまわないことにしておくと，生徒にとっては心理的負担が軽くなるでしょう。そして，生徒がカタカナで発表した場合，教師が正しい英語で発音し，そのあと，英語の綴りを板書するとよいでしょう。

③　同じ単語やフレーズが何回出てくるかを数えさせる

　歌詞を配布せずに，曲の最初から最後までにある単語が何回使われたかを当

てさせる一種のゲーム感覚の活動です。教師はあらかじめその解答を用意しておかなくてはなりませんが，CDなどに添付されている歌詞には案外ミスがあるので注意が必要です。

《活動例》

まず，曲を聞かせます。繰り返して使われている単語かフレーズを板書して，それが何回出てくるかを数えさせます。（最初に，どの単語，あるいは，どのフレーズが繰り返されるのかを聞き取らせてもかまいません）

さきほどのI just called to say I love youという歌には，noという単語が繰り返し使われています。まず，曲を流してその単語が何回出てきたかを数えさせ，生徒に答えさせます。次に，その確認のためもう一度聞かせ，その後，次のようなプリントを配布します。

I just called to say I love you

1 No New Year's Day to celebrate
2 No chocolate covered candy hearts to give away
3 No first of spring
4 No song to sing
5 In fact here's just another ordinary day
   （以下略）

このように数えさせる単語に下線を引いておくとわかりやすくなります。○で囲むのもよいでしょう。

同じフレーズや同じ文が何回使われたかを数える活動も同じ曲でできます。I just called to say I love youという歌詞が曲の中に何回使われているのかを数えさせます。この曲には，I just called to say以下が違う部分もあるので，生徒は楽しく活動するでしょう。

It's a small worldの歌でも，smallやworldという単語が出てくる回数を数えさせることもできますし，It's a small world after allという文も何回か

歌の中で繰り返されていますので，その文の出てくる回数を数えさせることができます。

（2） 複数回の授業で歌を扱う

最初は音として理解させ，そのあと歌詞をリズムに乗せていくという手順です。以下の活動例では，便宜上第1時，第2時などと分けましたが，生徒の実態に応じて，活動をもっと細分化して段階を踏んで指導してもよいでしょう。

《第1時》

①で紹介したような活動を行い，十分に聞かせます。また，第2時以降の練習に備え，ポップスなどある程度のレベルの歌の場合は，歌詞の意味を解説したり，対訳をつけた歌詞を与え，おおまかな意味を理解させておくことが大切です。第1時から無理に歌わせないほうが無難です。

《第2時》

生徒に歌わせたいのなら，まず，十分に発音練習をしなくてはなりません。特に未習の単語には気を使わなくてはいけません。また，弱化や音変化を意識的に扱い指導することも大切です。例えば，次の歌の場合のように連音や同化を⌣印で，脱落を×印で示して注意を喚起することで，字余りなく上手に歌え

The Greatest Love of All　(by Whitney Houston)

I believe that children are͜ our future
Teach them well͜ and let them lead the way
Show them all the beauty they possess͜ inside
Give them͜ a sense͜ of pride, to make͜ it easier
Let the children's laughter,
Remind͜ us how we used to be　(以下略)

THE GREATEST LOVE OF ALL
Words by Linda Creed
Music by Michael Masser
© 1977 by GOLD HORIZON MUSIC CORP. & GOLDEN TORCH MUSIC CORP.
All rights reserved, Used by permission.
Print rights for Japan assigned to YAMAHA MUSIC FOUNDATION

るようになり，自然なspoken Englishが身につくことにつながります。ある程度慣れてくれば，自ら変化を予想し，自分で印をつけることも可能になります。

　ある程度発音練習を行った後，曲にのせて歌わせてみます。教師は生徒の様子を見て，うまく歌えないところをチェックしておきます。そこを改めて曲なしで練習させますが，なぜうまく歌えないのかを判断します。単語の発音が原因の場合，音変化が難しい場合，曲のリズムが複雑な場合，それぞれに応じた練習をします。手で拍子をとったり，鉛筆で机を叩いてリズムをとることも効果的です。曲のすべてをうまく歌えなくても，曲中で繰り返される部分などポイントを絞って練習してもよいでしょう。結果として，その部分の歌詞はまちがいなく頭に残り，そこだけ大きな声になったりもしますが，第2時の練習では，それでも生徒は十分な満足感が得られます。

《第3時以降》

　第2時の復習を簡単にします。曲にのせて歌わせますが，教師はあまり大きな声を出さないほうが，生徒は大きな声で歌うようです。カラオケのある曲もありますので，それを使って歌うのもよいでしょう。また，歌をウォームアップとして扱っている場合が多いようですが，授業の流れによっては，活動の切れ目に持ってきて，生徒の気分転換に利用してもよいでしょう。また，授業時間が余れば，授業の最後に持ってくることもできます。

● **応用・発展活動**

日本の歌の英訳

　最近は，日本の歌手が歌っている歌の英語バージョンをCDショップで見かけることが多くなりました。たとえば，ユーミンの曲をA.S.A.P.というグループが英語で歌っています。日本の伝統的な歌（花，もみじ，さくらさくら，など）をスーザン・オズボーンという歌手が英語で歌っているほどです。

　まずは，日本語の歌と英語バージョンの両方を鑑賞し，歌詞を比較対照させることから始めます。英語訳が，日本語とかけ離れているところもあり，和文

英訳ではないことを認識させます。その際には，その歌の背景や歌手の知識が役に立つこともあります。その後，実際に日本の歌を選曲し英訳させます。実際に自分の作品を歌わせる活動まで発展させることができます。時間がかかる活動ですが，完成後の生徒の充実感はかなりのものになるでしょう。

　日英両語で歌われている歌の歌詞をそれぞれ用意します。後に日本語に翻訳をする関係上，生徒にはあまりなじみのない歌がよいでしょう。それぞれの歌詞には，お互いが比べられるように数字や記号を記入しておきます。英語の歌詞で韻を踏んでいる箇所を空欄にして穴埋め作業をさせると，押韻についての説明がしやすくなります。"Graduation Photogragh"の下線部の箇所は一つの例です。

《配布プリント例》

日本語に翻訳をしてみよう。

Graduation Photogragh

1　When I'm down feeling sad then I <u>look</u>
　　For your face in my old year <u>book</u>
2　I know your smile
　　And I love your warm and gentle eyes
　　It always sends my sorrow away
3　Good to know there's a friend by my side
　　There's no words still it shows in your eyes
4　How much you care
　　You know that I'll always feel you close
　　No matter how far apart we may be
（以下略）

　以上のような歌詞を配布したあとに，まず，英語の歌を聞かせます。そして，穴埋め作業をしたあと，韻の説明を簡単にします。そのあと，英語の歌詞

の中で難しい語句があったらその説明をします。口頭による説明だけではなく，プリントに記載しておくとわかりやすくなります。次に，辞書を片手に日本語訳をさせます。ペアやグループ活動にすると作業はやりやすくなります。直訳ではなく，あくまでも意訳させることが肝心です。完成したら，それを発表させたり，クラスでまとめてプリントにしたりします。一番よい翻訳には「翻訳大賞」をあげてもよいでしょう。

次に，日本語の歌詞を配布します。日本語による原曲を流すと雰囲気が出ます。そして，自分たちの翻訳とその歌詞の違いを比べさせます。そうすることによって，多くの英語の歌詞が原曲の日本語の意味とかけ離れていることを気づかせることができます。

《配布プリント例》

> 自分たちの翻訳と比べてみよう。
> その後，もう1回英語の歌詞と照らし合わせてみよう。
>
> 卒業写真
> 1　悲しいことがあると開く皮の表紙
> 2　卒業写真のあの人はやさしい目をしてる
> 3　町で見かけたとき何も言えなかった
> 4　卒業写真の面影がそのままだったから
> 　（以下略）

次にいよいよ日本の歌を英訳させるわけですが，選曲についてはスローテンポで，わかりやすい日本語を使っている歌がよいでしょう。あくまでも，翻訳をさせるわけですから，直訳にならないように気をつけさせます。可能ならば，韻を踏ませることも意識させます。その歌を歌っている歌手についてや，できればその歌についての知識を与えれば，その歌のイメージをつかみやすくなるでしょう。実際にその曲を何回か流してメロディーを頭に残したほうがよいのですが，たとえ曲がわからなくても，翻訳ができれば評価してあげること

が大切です。曲のすべてを翻訳させるには時間をかなり要しますので、曲の一部を選んで翻訳させたほうが得策です。完成したら、カラオケに乗せてその英訳を歌わせることもできます。

《中学3年生　作品例》

　　My Graduation　（by SPEED）

Happy to get to know you, my memory

I remember you

Close my eyes

When I think of you, I wonder where you are

I remember our happy days

Time goes by, time never stops, and time goes by

But everything is changing

　　My Graduation　（by SPEED）

あなたと出逢えてよかった　今ひとり瞳を閉じる

心のアルバムをめくれば　きらめく想い出たちよ

続いてく　時はいつも止まらずに

変わってく　街も人も愛もみんな

2節 チャンツ

● 活動の内容とねらい

　既習の文型・文法事項を含んだチャンツを選び，クラスで楽しんでみましょう。チャンツを利用することによって，英文の快いリズムやイントネーションに触れ，ストレスの置き方や表情のつけかたなども学ばせることができます。また，ウォームアップでチャンツを利用すれば，声が出しやすくなります。また雰囲気が明るく，打ち解けやすくなり，発話や発表がしやすい雰囲気になります。チャンツを読むときは全員，起立させます。座ったままで言うよりリラックスして，体全体でリズムを取ることができます。教師は手拍子を打ったり，ペンなどの先で机をコツコツと叩いてリズムをつくりましょう。リズム打ちが上手な生徒がいれば，やらせてもよいでしょう。その他，メトロノーム・タンバリン・カスタネット・リズムボックスなどを利用してもよいでしょう。ただし，ボリュームは控え目にして，生徒のチャンツのリズムや発音，イントネーションを聞いて，指導できるように心がけておくべきでしょう。1種類のチャンツをウォームアップとして，どのくらいの期間使用するかは生徒の状況によって違いますが，2週間程度が適当でしょう。生徒の多くは楽しみながら，知らないうちに全文を覚えてしまうものです。

● 活動の進め方と指導のポイント

　活動例①と指導の手順——C. Graham の Jazz Chants を使って

I asked my father.

　　　　　　　　　　　　　　What did he say?

Papa said, "No, no, no."
I asked my mother.

　　　　　　　　　　　　　　What did she say?

```
Mama said, "Yes, yes, yes."
I asked my father for‿a dollar‿and‿a half.
                              What did he say?
No, no.
I asked my father for fifty cents.
                              What did he say?
No, no.
I asked Mom‿again.
                              What did she say?
My mother said, "Ask‿your father."
I asked Dad‿again.
                              What did he say?
My father said, "Ask‿your mother."
I asked my mother for‿a candy bar.
                              What did she say?
No, no.
I asked my father for some lemonade.
                              What did he say?
Yes, yes.
```

《導入時》

① 教師がペンなどでリズムをつくり,モデルを聴かせます。

② 教師のあとについて発音練習をします。また,自然なスピードで話された英語でよく起こる音声変化についても次のように説明をします。

・‿印……二つの音がつながり,一つの単語のように聞こえたり(連音: liaison),二つの音が互いに影響し合って,違った音に変化したり(同化:assimilation)します。

- ×印……一つひとつの単語では発音される音が，口の構えを作るだけで実際には発音されないこと（脱落：elision）があります。

③ 必要があれば，内容についての確認をします。
④ 目標より遅い目のテンポでコーラスさせ，また一人1文ずつ言わせます。明るく，なごやかな雰囲気で進めましょう。

《第2時》

全体にやや遅目のテンポでチャンツを楽しませます。はっきりとした声で言えるように，自信をつけさせましょう。クラスを2グループ（左半分・右半分・男女など）に分けての掛け合いチャンツも楽しいものです。

《第3時以降》

目標とするテンポでリズムカルに言わせます。はじめは全員で一斉にチャンツを読みますが，慣れてくれば，1回目は全員がコーラスで，2回目は一人1文ずつ席の順に回して読めば，ゲーム化されて，より楽しくできます。リズムが少々崩れても，次の人がリズムを立て直してチャンツを続ければよいのです。クラスみんなでリズムをつくって，和気あいあいとやっていけば，クラスの連帯感も高められます。リズムづくりが苦手な生徒についても，生徒同士で援助し合ったりして，できるだけ，緊張せずに言えるように教師が配慮してあげましょう。リズムに乗って，途切れずに，クラス全員が一回りすれば，ポイントを入れて，クラス対抗で競わせるのもよいでしょう。

● 応用・発展活動

活動例②と指導の手順——生徒によるチャンツの創作活動へ

　授業で扱ったチャンツをクラスのほぼ全員が言えるようになれば，そのチャンツをモデルにして，2～3人のグループで，チャンツを創作し，発表させてもよいでしょう。内容に加えて，リズムも自分たちで考えさせると，よりクリエイティブで楽しい活動になるでしょう。生徒たちは，体全体でリズムを取りながら，リズムの整ったチャンツを創作しようと，元気な声で無意識のうちに英文を何度も何度も繰り返し，創作活動を楽しみます。この活動を通して，生徒たちは言語材料によりいっそう慣れ，listening だけでなく，speaking, reading, writing の領域でもどんどん力を伸ばしていきます。

・誘う文（Let's～）に慣れましょう。〔2年1学期〕

　（　）に他の語を入れて，オリジナルのチャンツを創作しましょう。

教師作品

It's a fine day.
Let's go out!
Let's go out
and sing a song.
Let's sing a song
and (play in the park.)
Let's call some friends
and have a good time!
Let's (bake a cake)
and (have a party.)
Tomorrow let's go
and (see a movie!)

生徒作品

It's a fine day.
Let's go out!
Let's go out
and sing a song.
Let's sing a song
and (dance in the park.)
Let's call some friends
and have a good time!
Let's (go back home)
and (watch TV.)
Tomorrow let's go
and (swim in the sea!)

・現在完了形の文（完了）に慣れましょう。〔3年2学期〕

教師作品

Have you done your homework yet?
Have you finished breakfast yet?
Have you cleaned your room yet?
Yes, I have. Wait! No, I haven't.
　　　　　　　　Have you heard the news yet?
　　　　　　　　Have you seen the movie yet?
　　　　　　　　Yes, I already have.

生徒作品

Have you read the book yet?
Have you finished your homework yet?
Have you played the video game yet?
Yes, I have. Wait! No, I haven't.
　　　　　　　　Have you listened to the CD yet?
　　　　　　　　Have you read the e-mail yet?
　　　　　　　　Yes, I already have.

・接続詞 when の使い方に慣れましょう。〔2年3学期〕

(Carolyn Graham, "Jazz Chants for Children", Oxford, 1979)

生徒作品

When I was one It wasn't much fun. 　　What did you do 　　when you were two? When I was two I learned to (ski). 　　What did you do 　　when you were three? When I was three it was a bore. 　　What did you do 　　when you were four? When I was four I learned to (drive). 　　What did you do 　　when you were five? When I was five I played with (sticks). 　　What did you do 　　when you were six? When I was six it was really heaven. 　　What did you do	When I was one It wasn't much fun. 　　What did you do 　　when you were two? When I was two I learned to (swim). 　　What did you do 　　when you were three? When I was three it was a bore. 　　What did you do 　　when you were four? When I was four I learned to (read). 　　What did you do 　　when you were five? When I was five I played with (my friends). 　　What did you do 　　when you were six? When I was six it was really heaven. 　　What did you do

when you were seven?
When I was seven
I learned to (skate).
What did you do
when you were eight?
When I was eight
it was really great,
but when I was one
it wasn't much fun.

when you were seven?
When I was seven
I learned to (write).
What did you do
when you were eight?
When I was eight
it was really great,
but when I was one
it wasn't much fun.

・現在完了形に慣れましょう。〔3年2学期〕

(Carolyn Graham, "Jazz Chants for Children", Oxford, 1979)

生徒作品

I've got a headache.
I've got a headache.
I don't want to (go to juku).
 [wʌnə]
I've got a fever.
I've got a fever.
I don't want to (go to swim.)
 [wʌnə]
I've got a stomachache.
I've got a stomachache.
I don't want to (eat my dinner).
 [wʌnə]
I've got a blister.

　　　　　　　　　I've got a blister.
I don't want to (go outside).
　　　[wʌ́nə]
　　　　　　　Everytime I get a headache,
　　　　　　　Mama takes me to the doctor.
　　　　　　　Everytime I get a fever,
　　　　　　　Mama takes me to the nurse.
　　　　　　　Everytime I get a toothache,
　　　　　　　Mama takes me to the dentist.
　　　　　　　Everytime I see the dentist,
I always come home feeling worse.
　　　　　　　　I've got a headache.
　　　　　　　　I've got a headache.
I don't want to (go to juku).
　　　[wʌ́nə]
　　　　　　　　I've got a fever.
　　　　　　　　I've got a fever.
I don't want to (go to swim.)
　　　[wʌ́nə]
　　　　　　　　I've got a stomachache.
　　　　　　　　I've got a stomachache.
I don't want to (eat my dinner).
　　　[wʌ́nə]
　　　　　　　　I've got a blister.
　　　　　　　　I've got a blister.
I don't want to (go outside).
　　　[wʌ́nə]

3節 早口ことば

● 活動の内容とねらい

　早口ことば（tongue twisters）は，同じ音の繰り返しや[r]と[l]，[s]と[ʃ]など区別の難しい対立した類似音を含んでいますので，母音と子音の発音練習として非常に効果的です。また，早くなめらかに言うために何度も練習することでストレスやリズムの習得も促します。ウォームアップの活動の一つとして利用すれば，授業の最初に短時間で声出しができ，楽しい雰囲気で授業に入ることができます。いくつかの早口ことばを教室に貼っておくと，黙っていても生徒は練習して，おのずと上達して身についていきます。

● 活動の進め方と指導のポイント

① モデルの提示

　次のような早口ことばをプリントで与えるか，または大きく模造紙に書いたものを黒板に貼って生徒に提示して，まずおおまかな意味を確認します。次に教師が早口ことばを数回繰り返して聞かせます。この早口ことばは[ʌ]と[u]の音の違いに注意して発音します。最初はゆっくり明瞭に，次第にスピードを上げて読んで聞かせます。

　　　Woodchuck
　　How much wood would a woodchuck chuck,
　　if a woodchuck could chuck wood?
　　He would chuck what wood a woodchuck
　　could chuck, if a woodchuck could chuck wood.

② 音読練習

　次に全員で教師のあとに続いてゆっくり音読練習します。速く読むことばかりに気を取られないように，ポイントとなる母音や子音には特に注意を払います。最初は1行ずつ練習し，慣れてくれば2行，さらに全体へと一息で読む分

量を増やしていきます。この音読練習の際，教師の手拍子，リズムボックスやメトロノームを使うとストレスやリズムの練習になり，またスピードを上げていくのに有効です。

全員で練習したあとは，個人やペアで練習させます。

③ 早口ことばチャンピオン決定戦

毎時間のウォームアップとして何度か練習し，全員が暗唱できるようになれば，「早口ことばチャンピオン決定戦」を行います。列ごとに立って早口ことばを言わせます。ペアになる隣の生徒にジャッジ役を行わせ，言いまちがいや言い飛ばしがないかチェックさせるとともに，正しく言い終わった瞬間に手を挙げさせます。教師はストップウォッチで計時し，各列のチャンピオンのタイムを板書します。各クラスのチャンピオンを選び，テープに録音して全クラスに紹介するとよい刺激となります。

● 応用・発展的活動

① 列対抗リレーで速さを競う

活動の進め方で示した個人戦ではなく，団体戦として列対抗による「早口ことばリレー競争」を行うこともできます。早口ことばを二つ挙げておきます。

1) Peter Piper

   Peter Piper picked a peck of picked pepper ;

   A peck of pickled pepper Peter Piper picked.

   If Peter Piper picked a peck of pickled pepper,

   Where's the peck of pickled pepper Peter Piper picked ?

2) Betty Botter

   Betty Botter bought some butter,

   But, she said, the butter's bitter ;

   If I put it in my batter

   It will make my batter bitter,

   But a bit of better butter

That would make my batter better.
　　　So she bought a bit of butter
　　　Better than her bitter butter,
　　　And she put it in her batter
　　　And the batter was not bitter.
　　　So t'was better Betty Botter
　　　Bought a bit of better butter.

② 短い英文を3回読む

英文を3回続けて読みます。1回読むだけでも難しいのに、3回読みに挑戦します。3回速いスピードで練習するのもよいのですが、「ゆっくり」「普通」「とても速く」と3段階スピードを変えて練習する方法もお奨めします。

1) She sells sea shells on the sea shore.
2) Mixed biscuits, mixed biscuits.
3) A proper copper coffee pot.
4) Three grey geese in a green field grazing.
5) Swan swam over the pond, swim swan swim; swan swam back again-well swum swan!

③ 一息で10回一気に読む

NHKラジオの「英会話入門」でもやっている方法です。短いフレーズや文を一息1回で連続10回繰り返すことに挑戦します。最初は一息3回ぐらいから始め、毎時間徐々にレベルアップして回数を増やし、最後は一息10回にチャレンジさせます。短いので誰にでも取り組みやすい活動で、しかもチャレンジングな活動にまで発展させることができます。

1) My bus pass!
2) Earl Grey
3) The fat cat Mat
4) As snug as a bug in a rug
5) What goes around comes around.

第4章

クイズ，パズル，ゲーム活用のアイディア

はじめに

　学習指導要領の目標に掲げられるのを待つまでもなく，急速な国際化の波の中で，コミュニケーション能力の育成は個人レベルを超えて，今や社会的，国家的なニーズとなっています。基本的な文法規則を理解させていけば，コミュニケーション能力はやがてついてくるだろう，という考え（H.G. Widdowsonは，その著書 Teaching English as Communication の中で，この伝統的な考えを，「あまりにも楽観的過ぎる考え方」（too optimistic view to take）と述べています）に基づき，難解な文法用語を駆使した説明と無味乾燥なドリル，あとは英文和訳一辺倒の授業を明治以来100年この方延々と続けてきたことにより，日本の英語教育は，「膨大な暗記の集大成」と批判されるとともに，英語嫌いの生徒と落ちこぼし生徒を量産し，「こんなものいらない！」というテレビ番組で取り上げられるまでに至ったことは悲しき事実です。

　講義と基礎練だけでスポーツを修得できないのと同様に，コミュニケーション能力を育成するには，実際にコミュニケーションする場を体験させることが不可欠です。生徒の興味関心や習得レベルに合ったコミュニケーションの場をどのように設定するかが，教師の腕の見せ所となるゆえんです。教師が一方的に教え込むのではなく，生徒一人ひとりが，英語を「使うために学び，使いながら学ぶ」授業を生徒とともに創造し実践する。学習指導要領でも，そのような授業が求められているのです。

さて，生徒たちに人気の高い，クイズ，パズル，ゲームなどは，従来から英語授業にしばしば取り入れられてきました。しかし，これらを単に授業の息抜きや気分転換のためのおまけの活動として使用するに留まらず，より積極的に，新しい言語材料の導入や定着のための学習活動，情報交換や運用練習としての言語活動など，授業の中核部分に導入したいものです。本章では，クイズ，パズル，ゲームやそれらの要素を加味することで，生徒たちが目を輝かせて，生き生きと参加する中で，コミュニケーション能力の基礎を培うことのできるさまざまな活動の実践例を紹介します。

1節 クイズ

1 20 Questions——20の扉

● 活動の内容とねらい

　人物，動物，物など，答えのヒントとなる英文を口頭で与え，生徒が「Yes-no疑問文」で質問をすることで，自ら必要な情報を得，答えを当てるクイズです。グループ対抗で交互に（順に）質問し合い，最大20個の質問のうちに答えを当てるというゲーム形式で行うことで，生徒は集中し，多量の活動をも楽しみながら進めることができます。生徒に身近で興味のある教材にすることが大切です。答えの提示方法の工夫が活発な活動を促すことにつながります。

　答えを動物や，乗り物に限定したり，質問に使用する一般疑問文をbe動詞に限定することによって，各レベルに応じたウォーミングアップとして，ALTとのT.T.やペアワークとしても使用が可能です。

● 活動の進め方と指導のポイント

① 答えとそのヒントとなる特徴を既習の英語でいくつか準備しておきます。
　答えを実物，ピクチャーカード，写真，録音された声，デジタルカメラの映像やビデオ等で準備しておくとより楽しい活動になるでしょう。コンピュータでデジタル映像は簡単に修正ができます。モザイクを入れたり，映像を入

れ替えることでヒントや答えの提示には効果的です。ここでは，まず，4～5人のグループ対抗戦の例を紹介します。最初の質問で正解を当てれば20点，2番目で当てれば19点という具合に得点を与え，20番目の質問で答えられなければ降参。what/whoの特別疑問文で正解を求めさせます。

② 教師が出題者となっていくつか出題をし，生徒が活動に慣れてくれば，役割を交代して，生徒（グループ，ペア，個人）が教師に出題をします。さらに生徒同士の活動へと導きます。

20の質問が多すぎる場合は，質問を10に限定してもよいでしょう。

《活動例①》

T : It is an animal. It lives in the woods. Guess what (it is)!

S_1 (Group A) : Is it black?	T : No, it isn't.
S_2 (Group B) : Does it fly?	T : No, it doesn't.
S_3 (Group A) : Does it have big ears?	T : No, it doesn't.
S_4 (Group B) : Does it have a tail?	T : Yes, it does.
Is it a tiger?	T : No, it isn't.
	It isn't a tiger.
S_5 (Group A) : Does it climb a tree?	T : Yes, it does.
Is it a monkey?	T : No, it isn't, but it's close.
S_6 (Group B) : Is it a gorilla?	T : No, it isn't.
S_7 (Group A) : Is it an orangutan?	T : Yes, it is.
	That's right.
	It is an orangutan.
	I'll give Group A 14 points.

＊まず，Aグループが挑戦し，答えを当てたあとにBグループ，Cグループと進める方法もあります。

《活動例②（入門期）》

動物や物の一部（しっぽなどをクローズアップした映像）を見せます。

T : I'm an animal. What am I?

S : Are you big?	T : Yes, I am.
S : Are you grey?	T : Yes, I am.
S : Do you like water?	T : Yes, I do
S : Do you have big ears?	T : Yes, I do.
Are you an elephant?	T : That's right.
	Yes, I'm an elephant.
	Congratulations!

● 応用・発展活動

オーラルでの活動後，教師がこの活動で用いられた疑問文を次のように平叙文に書き直したものをプリントにして与えることでリーディングに結びつけることができます。また，配布されたプリントの例をモデルとして，生徒（個人，または，ペア）にクイズを作らせれば，まとまりのある文を書くクリエイティブ・ライティングの活動へと発展させることができます。

  I am white and cold. I don't like hot places. I usually put a bucket on my head. I can't move. Children like me very much. I like them, too. Who am I?　　　　　　　　　　　　　　　　　Answer : <u>snowman</u>

  I am a statue. I am from France. I live in New York. I am very big and tall. I am beautiful. I always wear sandals. I am near the river. Many people visit me. What am I?

                                                 Answer : <u>the Statue of Liberty</u>

2　Memory Game

● 活動の内容とねらい

絵に描かれた内容を一定時間で記憶させ，その絵について T/F quiz，または，Q&A の活動を行います。物の位置や数について前置詞や数を正しく聞き取る能力を育てます。ペアワークとして情報を伝えるゲーム形式で行うことも可能です。進行形を用いて動作を表す動詞や There is/are ～ . の復習に使用

することもできます。

● **活動の進め方と指導のポイント**

　全員に見せる絵・写真を準備します。既習事項で表現できるように，物，数，位置（in, on, under, over, near）など，指導に適した配置で描かれるようにします。あまり情報が多すぎても難しくなるだけですから，項目は10項目は超えないほうがよいでしょう。裏返しの状態で配布し，30秒間だけ絵を見せ，内容を記憶するように伝えます。絵の中に日常では起こり得ないような状況を作ると楽しく取り組むことができます。

《活動例①　T or F Quiz》

	Questions	Answers	
1	There are three frogs in the pond.	T	F
2	There is a TV set under the bench.	T	F
3	There is a tiger near the pond.	T	F
4	Superman is swimming in the pond.	T	F
5	Dolphins are dancing under the tree.	T	F
6	A boy and a bird are singing on the bench.	T	F
7	We can see the sun over the mountain.	T	F
8	There are three fish in the pond.	T	F
9	There are eight spiders in the tree.	T	F
10	There is a cat under the bench.	T	F

《活動例②　Questions and Answers》

教師の質問に英語で答えを書きます。

	Questions	Answers
1	Are there seven fish in the pond?	No, there aren't.
2	Are there seven spiders in the tree?	Yes, there are.
3	Are a boy and a bee dancing on the bench?	No, they aren't.
4	What is Superman doing?	He is flying in the sky.
5	Is the TV set under the tree?	No, it isn't.
6	What are three ants doing under the tree?	They are dancing.
7	What is a lion doing near the pond?	It is sleeping.
8	How many fish are there in the pond?	There are three.
9	Is the sun over the mountain?	No, it isn't.
10	Where are the two frogs?	They are in the pond.

● 応用・発展活動
① この活動は，グループに分かれて行います。内容について質問をすることで，同じ絵を持っている友達を当てる活動です。たとえば，A, B, C, D, E, F の 6 人それぞれに Picture 1, Picture 2, Picture 3, Picture 1, Picture 2, Picture 3 を渡します。A から順番に絵の内容について質問し，他の 5 人はその質問に答えます。絵の内容は，1 か所ずつ変えておきます。
② この活動はペアで行います。Memory Game の絵に生徒が，数，場所，(動)物を加えます。その絵について，パートナーに説明をし，パートナーが描いた絵と同じ絵を完成させます。自分が作った絵について英語で表現（ライティング）する活動も可能です。逆に，教師が描いた絵の内容を読み（聞かせ・リスニング），絵を描くこともできます。

3 Quiz Grand Prix
――What's the biggest lake in the world？

● 活動の内容とねらい
　生徒の知的好奇心を刺激する一般常識や他教科の内容に関するクイズに挑戦しながら，比較級や最上級の文のリスニング・リーディング活動を行います。生徒自ら問題を作ることで，ライティング活動としての学習も可能です。
● 活動の進め方と指導のポイント
① クイズを準備します。難しい語彙は，前もって与えておきます。選択肢を与えたり，T/F 形式での実施も可能です。
② 問題には難易度 A～C の 3 ステージを設け，生徒が選択してチャレンジできるようにすると，活動が一段と活発になります。A～C のすべてのステージからそれぞれ 3 つ以上正解すると，ファイナルチャレンジとして，最後の D のクイズに答える権利が与えられ，ファイナルチャレンジで最も多く正解を得ると勝ちとなるなどのルールを決めるとさらに楽しい活動となります。

《クイズ例》

		Questions	Answers
A	1	What land animal runs the fastest?	cheetah
	2	Which country has the largest population?	China
	3	What is the world's largest animal?	blue whale
	4	What is the largest land animal?	African elephant
	5	What is the largest bird?	ostrich
		(lion, giraffe, hippo, blue whale, panda, peacock, crow, ostrich, tiger, cheetah, African elephant, U. S. A., Russia, China)	
B	1	What country use the most energy?	U. S. A.
	2	What country produces the most energy?	U. S. A.
	3	What is the biggest lake in the world?	Caspian Sea
	4	What is the longest river in the world?	the Nile
	5	What is the highest mountain in the world?	Mount Everest
		(France, England, U. S. A., Japan, China, Lake Baykal, Lake Michigan, Caspian Sea, the Mississippi, the Nile, the Thames, Mount Everest, Mount Vesuvius)	
C	1	Which city has the smaller population, Bombay in India and Seoul in Korea?	Korea
	2	Which language is more spoken as the first language in the world, English or Spanish?	Spanish
	3	Which runs faster a rabbit or a reindeer?	rabbit
	4	Which runs slower, a human or an elephant?	elephant
	5	Which lives longer, a gorilla or a lion?	gorilla

86──第4章　クイズ，パズル，ゲーム活用のアイディア

D	1	Which waterfall is higher, Angel Falls in Venezuela or Niagara Falls?	Angel Falls
	2	Which planet has more moons, Mars or Saturn?	Saturn
	3	Which has more sides, a square or a pentagon?	pentagon
	4	Which is invented earlier, matches or a telescope?	telescope
	5	Which lives longer, a lion or a pig?	lion

③　生徒は各自 A〜C から問題を選択し，教師が読む問題を聞いて，あるいは，自分で問題を読み，問題に答えます。もちろんすべてにチャレンジしてもかまいません。同じ要領で問題に答えていきます。

● 応用・発展活動

生徒が自分たちで資料を用いてクイズを作る（ライティング）活動へとつなげることも可能です。

〈参考資料①〉　Look at this table. You will see how fast some animals can move.

Animal	cheetah	lion	zebra	rabbit	reindeer	human	elephant
Miles/Hour	70	50	40	35	32	28	25

〈参考資料②〉　Look at this table. You will see how long some animals can live.

Animal	turtle	Asian elephant	bear	horse	gorilla	lion	monkey	cat
Life Span (Years)	100	40	25	20	20	15	15	12

dog	giraffe	pig	squirrel	fox	kangaroo	rabbit	mouse
12	10	10	10	7	7	5	3

4 Quiz——What country is this？

● 活動の内容とねらい

　次のような項目を含んだクイズをペアで作成させ，発表することを通して，既習事項の定着を促します。同時に，音声言語としての英語使用の機会を持ち，生徒の個性・創造性を育む言語活動を楽しみます。

　　・歴史や国土の広さ　　・農産物，工業製品
　　・発明，発見　　　　　・使用言語，その他

● 活動の進め方と指導のポイント

① 黒板に世界地図／国旗をはり，クイズ作りに使われる国名をいくつか教える。
② 教師が作ったクイズ例を2つ，3つ行う。

《クイズ例》（復習したい文型などを使用する。ここでは，受動態と最上級）

　This country has long history. Some 2,400 years ago, the Great Wall, world's longest structure, was made in this country. This is the world's largest country in population. Paper was invented in this country. (Chinese is spoken in this country.) What country is this?

③ クイズ例をモデルとして，ペアで作らせる。必要に応じて，資料を準備し配布する。教師は机間指導を通して，生徒の活動を促す。

〈資料例①〉　人口の少ない国

Smallest Countries	Vatican City	Tuvalu	Palau	San Marino	Liechtenstein
Population	811	10,000	15,000	24,000	30,000

④ クイズを発表し，全員でチャレンジする。

〈資料例②〉 人口の多い国

Largest Countries	China	India	United States	Indonesia	Brazil
Population (thousand)	1,190,431	919,903	260,714	200,410	158,739

〈資料例③〉 母語として使用される数が多い言語

Language	Mandarin	Hindi	Spanish	English	Bengali	Arabic
Numbers (million)	836	333	332	322	187	186

〈資料例④〉 有名な観光スポット

Country	Australia	China	Egypt	England	India	Italy
Sights	Ayers Rock	Great Wall	Great Sphinx	Tower of London	Taj Mahal	Tower of Pisa

〈資料例⑤〉 世界の発明

Year	Invention	Country
A. D. 105	paper	China
1589	flush toilet	England
1709	piano	Italy
1800	electric battery	Italy
1899	tape recorder	Denmark
1911	air conditioning	U. S.
1939	turbojet airplane	Germany
1943	ballpoint pen	Argentina
1947	microwave oven	U. S.

● 応用・発展活動

① 各クラスの優秀作品をプリントにして, 配布し, クイズに答える.
② 同じような方法で, What sport is this? 作りを行う.

This is a ballgame played by 30 people. Players run, pass and kick the ball and tackle. It's very popular in England and New Zealand. What sport is this?

5　Riddles

● 活動の内容とねらい

　英語の「なぞなぞ（riddles）」を解くことを通して，楽しく英文を読むことに取り組むことができます。表面的な意味がわかるだけでは答えが出ない問題や文化的知識が必要になる場合もあり，言語・文化について考える機会も与えてくれます。生徒自身が英語でなぞなぞを作るところまで指導が進めば，個性や創造性を発揮できる生き生きとしたライティング活動に発展します。

● 活動の進め方と指導のポイント

① 　授業始めのウォーミングアップや，試験返却時などに実施します。
② 　既習事項の復習となる「なぞなぞ」と解答用のワークシートを準備します。
③ 　解答の際に辞書の使用を促します。

《活動例①》

　ア～オのなぞなぞの答えとして最も適当なものを 1～5 から選び，線で結びなさい。

ア　Why did the piano get locked out?　・　・ 1. It is Mississipi.
イ　I run, but I don't have any legs.　・　・ 2. It is a lighthouse.
ウ　What time of day was Adam born?　・　・ 3. You are nose.
エ　What has four eye, but cannot see?　・　・ 4. Just a little bit
オ　What is the easiest house to lift?　・　・ 　　before Eve.
　　　　　　　　　　　　　　　　　　　　　 5. He forgot his key.

《活動例②》

　ア～オのなぞなぞの答えとして正しくなるように（　）の中に下記の語句から選んで書き入れなさい。

ア　What kind of dog tells time best?　　1. It is a (　　　　).
イ　What kind of room has no windows　2. It is a (　　　　).
　　or doors?
ウ　You can catch it but not throw.　　　3. It is a (　　　　).
エ　What has hands, but no bone nor blood?　4. It is a (　　　　).
オ　It has teeth, but cannot eat.　　　　　5. It is a (　　　　).

　　　　cold　mushroom　saw　watchdog　clock

　＊なぞなぞはインターネットを利用すると簡単に手に入ります。
以下は，米国の小学生が作ったなぞなぞの1例です。
What kind of can never need a can opener?　It is a pelican.
What goes around the world and stays in a corner?　It is a stamp.
What is black and white and is <u>read</u> all over.　It is a newspaper.
When is a boat the cheapest?　When it is a sail boat.
Why did the lettuce blush?　Because he saw the salad dressing.
What keys won't open doors?　Don<u>keys</u>, mon<u>keys</u>, and tur<u>keys</u>.
　　XCELENS JOKES & FUN
　　http://www.xcelens.com/xcelensworld/xcelens_jokes_&_fun.htm#Riddles

● 応用・発展活動

中学1, 2年生では，解答を絵や写真で用意し，ペアで協力してなぞなぞを解くような活動にします。

1. It is a big animal of the cat family.　2. He cuts men's hair.
3. It is a small animal with long ears.　4. He looks after sick people.

6 True or False Quiz（分詞の後置修飾）

● 活動の内容とねらい

　教師の発話する英文を聞いて，その内容が本当のことかどうかを答える活動です。ゲーム形式で行い，簡単なものから，母語で考えても少し難しいレベルまで問題を準備することで，興味がわく，集中して取り組める活動となります。

● 活動の進め方と指導のポイント

① 　分詞を使って表現できる絵・表を準備し，全員に配ります。難しい語彙があれば前もって与えておきます。

② 　教師の発話する英文の内容が正しければT，まちがっていればFを解答として書くようにします。最初はノーマルスピードで，2回目は，ややスピードを落として読み上げるようにします。

《活動例①》

1. The boy reading a book at the table is Tom.　　T / F
2. The lady listening to the music is Mary.　　T / F
3. The girl talking on the phone is Julia.　　T / F

4. The lady practicing beauty exercises is Anne.　　T / F
5. The man cleaning the room is Steve.　　T / F
6. The cat sleeping under the table is Leo.　　T / F
7. The dog dancing with ants is Andy.　　T / F

《活動例②》

1. The language spoken in Thailand is Chinese.　　T / F
2. The currency used in Italy is Lira.　　T / F
3. Escudo is the currency used in Portugal.　　T / F
4. Franc is the language spoken in France.　　T / F
5. In Germany Mark is used as the currency.　　T / F

Country	Language	Currency
France	French	Franc
Germany	German	Mark
Italy	Italian	Lira
Portugal	Portuguese	Escudo
Thailand	Thai	Baht

● 応用・発展活動

① 活動例①, ②の下線部分を（　）にして，ディクテーションの活動にすることも可能です。
② ちょっと難しくなりますが，以下のような常識問題も作ることができます。

1) Water is a liquid boiling at 100 C.　　T / F
2) Hachiko is a dog sitting by Saigo-san.　　T / F
3) The Thames is a river running through New York.　　T / F
4) There was a famous painter named Schweitzer.　　T / F
5) There are tropical flowers growing in Hokkaido.　　T / F

2節 パ ズ ル

● 活動の内容とねらい

　「単語を覚えるのが楽しくて仕方がない」という人はほとんどいません。多くの学習者にとって「単語学習」は忍耐・苦痛を伴う作業です。その苦痛を少しでも和らげ、楽しみながら単語を学習させたい。このような場合に、パズルは効果を発揮します。

　たとえば、単語テストで英文の空所補充を10問出題したとします。このようなテストの場合、空所に解答を記入させて提出させるのが一般的です。しかし、ここで解答用紙に一工夫加えてみたらどうでしょう。解答用紙をクロスワード・パズルのスタイルにしてみるのです。たったこれだけの工夫で、単なるテストがゲーム的に楽しく見えてくるから不思議です。

● 活動の進め方と授業のポイント

　生徒は「楽しむ」ためにパズルに取り組みます。パズル本来の目的は「解く」ことに尽きます。しかし、教師にとっては「パズルを解くこと自体」が目的ではありません。パズルの中に隠れた目的（hidden purpose）をどうやって潜ませるか。それもパズルが本来持っている「楽しさ」が失われないように気をつけながら。これがポイントです。

　「何を学習させたいか」によって、選択すべきパズルのタイプは異なります。「綴りが正確に書ける」ことを求めるときには、クロスワードのように実際に綴りを書かせるゲームが適しているでしょう。しかし「正確な綴り字までは求めない」場合には、クロスワードは不適切です。このような場合は、あらかじめ印刷されている文字から綴り字を探し出すワードサーチの方が適しています。これが、第一の原則です。

　原則としたいことはもう一つあります。それはパズル出題以前の語彙指導にかかわることで「言えないことは書かせない」ということです。パズルの導入

で懸念されることは「綴り字にばかりこだわって発音は二の次」という風潮を教室に作り出してしまうことです。下手をすると、発音もできない単語をノートに書きつけて記憶する、という悪しき学習方法を助長することになりかねません。

1 あらかじめ文字・単語が印刷されている活動

① **活動例①：文字探し**

絵柄の中に隠れた文字を探すもので、中学1年生用の教科書冒頭のカラーページや児童英語教育の教材等でよく見かけます。

〈具体例〉

絵①　　　　　　　　　　　絵②

〈進め方〉　最初のうちは、文字の種類（大文字・小文字・混合）や文字数をヒントとして与えたほうが簡単です。慣れるに従って徐々にヒントを減らします。

〈留意事項〉　このパズルの難易度をコントロールする際には次の順序を意識するとうまくいきます。

・絵1枚で1文字　　→　大きな絵にたくさんの文字。
・最初は大文字のみ　→　小文字のみ、大文字・小文字混じり。

② **活動例②：アルファベットを順に線で結ぶ**

入門期の学習は、アルファベット26文字の順序を音声で記憶することから始まります。アルファベット学習段階で最も簡単にできるパズルを二つ紹介します。

・かくし絵

〈具体例〉

　点を「アルファベット順」に線でつなぐことによって「絵を作り出す」というものです。動植物・道具などの具体物の他に，地図やシンボルマークなども使うことができます。

　例

何が出てくるかな？

＊大文字は大文字，小文字は小文字をアルファベット順につないでいくと，何が出てくるでしょうか？

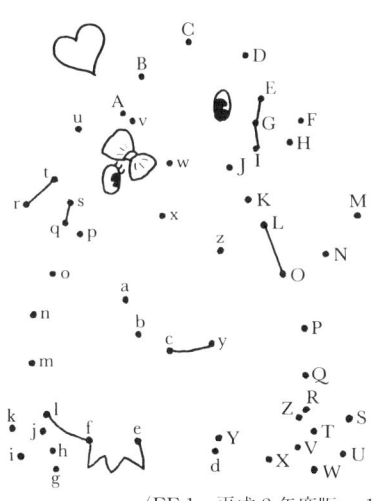

(EE 1　平成 2 年度版 p. 19 より)

〈進め方〉

　必ず「一筆書き」でできる絵柄を選ぶ必要があります。また「大文字（小文字）のみ探して」「アルファベットを A, C, E, …のように 1 文字おきに」のように線のつなぎ方に制限を加えるだけでずいぶんと難しくなります。

〈留意事項〉

　このパズルの場合，できあがる絵柄が事前に予測できては興味は半減です。予測しにくくするには，ダミーの点を加えて攪乱（distract）する方法もあります。

・迷路

〈具体例〉

　7×7 程度のマス目を作ります。このようにして作ったマス目に，まずアル

ファベット26文字が「一筆書き」でつながるように記入します。そのあとで，道筋ではないマス目にはダミーの文字を入れておき攪乱します。その際，ルートが2通り以上になると混乱するので注意しましょう。

```
A B C D I J O
B G F G H K N
C D E J I L M
D U T S R S N
E V U V Q P O
F G H W R Q P
C H I X Y Z Q
```

〈進め方〉

「文字探し」のときと同様に，使用する文字を「大文字のみ」→「小文字のみ」→「大文字・小文字混じり」と変化させることもできます。大文字・小文字を混ぜるときには「大文字（小文字）だけ探して線でつなぐ」というようなバリエーションも可能です。また，アルファベットをZからAへと反対方向につなげさせるだけで難易度はアップします。

〈留意事項〉

あとで紹介するクロスワードの場合も同様ですが，マス目を作るにはワープロよりも表計算ソフトの方が適しています。エクセルやロータスなどを使えば，マス目（表計算ではセル）の数を増減したり大きさを微調整したりするのはとても簡単です。「7×7～10×10のマス目」を作ったら，基本シートとしてまず空白のまま保存しておきます。

次に解答となるアルファベットを記入した段階で，プリントアウトをコピーするか，コンピュータのファイルで保存しておきましょう。そうせずにダミーの文字を記入してしまうと，あとで解答を作る際に意外に時間を取られることがあります。

③ 活動例③：ワードサーチ（絵をヒントにしたもの）

5×5以上のマス目に書かれた文字の中から単語を探すパズルで，基本的な作成手順は上記②と同様です。

〈具体例〉

A	E	A	P	P
A	P	P	L	E
E	P	P	A	L
L	A	L	L	P
P	L	E	A	E

〈進め方〉

　最初は単語を一つに絞り，それがいくつ入っているか探させることによって活動に慣れさせます。徐々に探す単語の数を増やします。はじめのうちは探す単語数をヒントとして与えたほうが簡単でしょう。

〈留意事項〉

　このパズルの場合は学習者に対する配慮が必要です。それは単語の並ぶ方向を限定することです。慣れないうちは方向を「左から右」の一つに限定します。その次に「上から下」「左上から右下」を加えます。学習用の場合，「下から上」や「右から左」は除外したほうがよいでしょう。「左下から右上」もできれば避けたほうが教育的です。日常目にしない向きで並んだ単語を探させる必要はありません。

2　生徒が文字・単語を記入していく活動

① 活動例①：しりとり（ゲーム）

　book → kitchen → net というように，語尾の文字で始まる単語を連ねて単語の連鎖（word chain）を作るゲームです。

〈具体例〉

下線1文字分に1文字補って「しりとり」を完成しなさい。

boo_ → _itc_en → ne_ → _abl_ → _ _g

（答えは，book, kitchen, net, table, egg）

〈進め方〉

ヒントとして綴り字の一部を与えたり，補う文字数を指定したりします。hour, night, write のように発音しない文字（silent letter）を含んだ単語を加えると難易度が上がります。また必要に応じて，絵・日本語などのヒントを与えてもよいでしょう。

〈留意事項〉

単語が音声として定着していることが前提です。繰り返しますが，発音もできない単語を書かせても単語学習としては意味がありません。

② 活動例②：クロスワード（パズル）

単語パズルの代表的存在です。

〈具体例〉 色彩語（虹の色）を使ったクロスワード

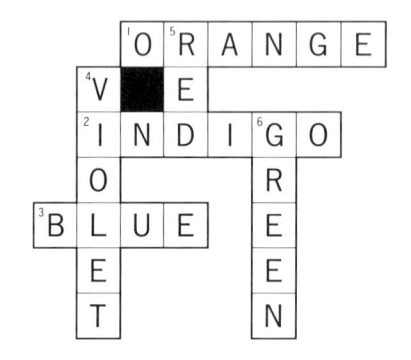

```
      ¹O ⁵R  A  N  G  E
         ⁴V     E
          E
      ²I  N  D  I  ⁶G  O
          O        R
      ³B  L  U  E  E
             T     E
             T     N
```

【横のカギ（across）】　　【縦のカギ（down）】

1　オレンジ　　　　　　　4　紫

2　藍　　　　　　　　　　5　赤

3　青　　　　　　　　　　6　緑

〈進め方〉

はじめてクロスワード作りに挑戦する場合は，無理をせず次のように段階を踏んでステップアップしていくとよいでしょう。

最初は横の列（across）に限って作ってみます。縦列（down）は無視しますが，1列だけ文字が共通になります。

		e	i	g	h	t
		h	e	a	r	t
	o	c	e	a	n	
	s	h	e	e	p	
w	a	t	e	r		

次は3文字からなる単音節語を2語使った最もシンプルなクロスワードです。真ん中の母音字を共通に含む単語を探します。カギ（ヒント）は，部分的に文字を与えたり，絵を与えたり，バリエーションが可能です。

	m	
c	a	t
	p	

徐々にマス目の数を増やし，10×10程度のパズル作りに進んでいきます。最初は，空所が多くても仕方がありません（空所は黒く塗りつぶしておく方法もあります）。また，同じ単語を2度使用しないとうまくできない場合もあります。しかし，最初はパズルとしての完成度にはあまりとらわれずにとにかく作ってみることです。作り続けることによって徐々にコツがわかってきます。

〈留意事項〉

「ワードサーチ」と同様に，横（across）は「左から右」，縦（down）は「上から下」の原則を守りましょう。ただし，「ワードサーチ」と異なり，斜め「左上から右下」は使いません。

作成に関してはいくつかのコツがあります。シャーロック・ホームズの短編『踊る人形』をご存じでしょうか。チョークで描かれた stick figure のような人形が表す暗号を名探偵ホームズが解読する話です。暗号解読のきっかけとし

てホームズが利用したのが，「最も出現頻度の高い文字はeである」という事実です。したがって，eを綴り字に含んだ単語は比較的容易に思いつきます。クロスワードでは「困ったらeでつなげ」です。逆に見つかりにくいのが「綴り字の途中にくるy」です。これは正書法で「単語の途中はi」「語末はy」と決めてあるのですから当然のことです。myself, mystery, bicycle, rhythmなど，中高の基本語彙の中にあまり多くは見つかりません。

また，カギ（ヒント）の与え方には以下のようなバリエーションがあります。例として挙げた「虹の色」（作成の都合でyellowを除く）を題材に整理してみます。

① 日本語で語義を与える：最も単純な方法です。
② 絵・イラストで示す：補う単語が具体的な物の場合に適しています。
③ 文の空所を補わせる：The color of leaves is (*green*).
④ 反意語・類義語を与える：red ⟷ (*blue*)
⑤ 英英辞典の定義を与える：a bluish purple color＝(*violet*)

これらのうちから，適するものを組み合わせてカギを作ります。

作成に当たっては，必要に応じて例のようにトピックを絞ったり，品詞を限定することもできます。教科書から出す場合は，出題範囲を明確に限定する方法もあります。最近は範囲を設定すれば自動的にクロスワードを作成してくれる市販ソフトもあります。

● 応用・発展活動

（1） 生徒をパズル作りに参加させる

生徒が解答に慣れてきたら，パズルを自作させて互いに出題させることもできます。この場合，解答者よりも出題者の方に学習効果が期待できます。出題するためには，単語を徹底的に洗い出し，それを整理する必要があるからです。生徒の作ったパズルを継続的に授業の中で取り上げて，作成を奨励する方法もあります。

〈具体例〉 並べ替え

与えられた文字を並べ替えて，ヒントに合った単語を作りましょう。

① ａｂｅｌｔ（ふきます）　→　table
② ａｃｈｉｒ（かけます）　→　chair
③ ｅｆｉｋｎ（切ります）　→　knife
④ ｎｏｏｐｓ（すくいます）　→　spoon
⑤ ａｅｌｐｔ（おきます）　→　plate

〈進め方〉

最も簡単に作れるパズルの一つです。完成した単語の一部を組み合わせてさらにもう一つ単語を作らせ，それを解答とすることもできます。

〈留意事項〉

この場合は「既習語以外は用いない」ことを徹底することです。「知っている単語しか出てこない」という安心感を解答者に与えることが必要だからです。また，トピック・品詞・出題範囲を限定したほうが，出題者・解答者ともに楽かもしれません。

（2） 効率的なパズル作りのヒント

どんなに意欲的な試みでも負担が重すぎれば長続きしません。そこで，パズル作りを省力化するための工夫について考えてみます。

おもしろいパズルを作るためには，パズルとしてのおもしろさを工夫する時間が必要となります。しかし，たとえば y で始まる単語をパズルに出したいときに，単語探しに時間がかかり過ぎれば，工夫を凝らす余裕は生まれません。限られた時間で作り続けるためにはこの手間を省力化する必要があります。そこで，パズル作成の準備として「既習語のリスト」が必要となります。

既習語リストとして簡単に利用できるのは，教科書巻末の単語リストです。特に中学校の場合には，その前の学年までに学習した単語もあわせて掲載されているので便利です。また，コンピュータの表計算ソフト（エクセルなど）に新出語を順次入力していけば，検索・並べ替えなどが瞬時にできてさらに便利

です。授業準備の際に，次の例のような表に新出単語を順次入力していくだけです。所要時間はコンピュータやソフトの立ち上げ時間を含めて5分もかかりません。

綴　り　字	品詞	意　味	学年	ページ	分野
game	名	ゲーム・遊び	1	20	

　この基礎データを必要に応じて加工すれば，パズル作りのデータとして活用することができます。たとえば「綴り字」をアルファベット順に並べ替えたり，特定の「品詞」だけ抽出したり，ある「学年」「ページ」に限って抽出するなど思いのままです。並べ替え・抽出などのコンピュータが得意とすることは機械に任せ，それで浮いた時間は創造的な活動・作業に振り当てることができるのです。もちろん，このデータは授業のプリントや定期テストの作成の際にも，強力なサポートになります。

　また，単語をスポーツ・食べ物などの分野別にまとめてパズルにする手もあります。このような場合にも教科書巻末付録のイラストページや見開きのカラーページなどが利用できます。あらかじめ与えるインプットの量を増やしたいときには，単語を分野ごとにまとめた市販の教材を利用することもできます。

3節 ゲ ー ム

1 「私の言う通り」(Simon Says & Sticky Game)
　　――命令文と体の部分の名称

● 活動の内容とねらい

　この活動はTPRの手法を利用したものです。生徒たちにいろいろな動詞や体の部分の語彙を導入するよい機会となります。教師の方で，動作動詞や体の各部の名称を表す語彙をあらかじめたくさん提示しておいて，生徒たちでペアまたは3～5人のグループを作り活動させます。さらに，7, 8～10人ぐらいのグループで輪になって活動させてもいいでしょう。

● 活動の進め方と指導のポイント

・Simon Says

① テープまたはCD（MD）から流れてくる命令文に従って，体の部分を教師自身が触ったりして，動作を表す動詞や体の名称を表す名詞をたくさん提示します。生徒も先生の動作に合わせて，自分の体の部分を触ります。
　　shoulders, ears, nose, arms, hands, chin, …

② 生徒は，教師が言う命令文に従って動作します。たとえば，次のような命令文で，動作させます。ある程度教師の言う通りに生徒が動くようになれば，次は，Simon saysと言ったら動作をするが，言わなかったらその命令に従ってはいけないというルールにします。Simon saysと言わないのに動作したり，言っているのに動作しなかったり，動作が遅かったりすると失格になるというルールを説明してゲームを始めます。慣れてきたら次第にスピードをあげていくと楽しさが増してくるでしょう。

　　Teacher : Simon says, "Stand up." Sit down. Simon says, "Touch your head." Touch your nose. Touch your ears. Touch your hair. Touch your shoulders. Simon says, "Touch your knees."

Simon says, "Open your textbook to page 12." Simon says, "Read your textbook." Stop. Simon says, "Open your notebook." Simon says, "Hold your pencil." Write your name on the notebook. Thank you. Stop it. Simon says, "Smile at me."

・Sticky Game

7，8人～10人ぐらいのグループを作って，輪になります。教師の指示で先頭の生徒から順に次の生徒の体の部位に触れ，離れないようにくっついていきます。動作をまちがえたり，体を離してしまったら負けとします。

　　Teacher：（S_1 に）Touch your left hand on your friend's left shoulder.
　　　　　　（S_2 に）Touch your right hand on your friend's right arm.

● 応用・発展活動

① Simon Says を生徒同士のペア，またはグループで行います。じゃんけんで勝った生徒に命令を出す権利が与えられます。そのときに，動作を表す動詞をもっとたくさん教えておくと動作の広がりが出てくるでしょう。この時間だけでなく，授業のウォームアップやテストのちょっとした時間に活用することができます。

② Sticky Game をするときに，一人じゃんけんでオニを決めて，そのオニが，輪になった生徒たちに次々と指示を出していきます。うまく動けなかった者，まちがえた者が次のオニとなり，さらにゲームを続けます。だんだんと指示を速く出していくようにルールを決めると，いっそう緊張感が出ておもしろみが増します。

2 「何を持っているのかな？」（Guessing Game）
──── 特別疑問文① What

● 活動の内容とねらい

　一般動詞の疑問文や what を使った疑問文を用いて，相手の選んだものを推理し，当てるゲームです。できるだけ早く推理して，高い得点を競い合います。

● 活動の進め方と指導のポイント

① 準備物として，次のような絵カードを全員に配布します。

② ペアで活動します。まず，少年がポケット，かばん，ナップザック，帽子，手の中に隠す動物を選んで，「自分」の枠内に記入します。次に，パートナーに疑問文を使って，「少年が何を持っているか」尋ねていきます。質問は4回までできます。1回目〜3回目はパートナーが何を持っているかを想像して，一般疑問文（Do you have 〜 in your bag?）で尋ねます。3回尋ねても当たらないときは，ギブアップして特別疑問文（What do you have in your bag?）で尋ねます。1回目の推理で当たると3点，2回目で当たる

と2点，3回目の質問で当たると1点，ギブアップした場合は0点です。得点の多い者が勝ちとなります。

● 応用・発展活動
① 上記の活動後，異なるペアの一人と，次のような問答を通して活動の結果を尋ねあわせれば，一般動詞3単現の練習に発展させることができます。

　A :（異なるペアBに対して）What does Koji have in his pocket?
　B :（活動結果をもとに）He has a frog in his pocket.
　　　How about your partner? What does Aki have in her pocket?
　A : She has a koala.
　B : Really?!

② 自分のほしいものを絵の中から選び，相手に推測して，当てさせます。①と同様に，正解した者には得点を与えます。

さらに，本当にほしいものについて問答しても，発展的な活動になるかもしれません。

3 「あなたは〜しますか？」（インタビュー・ビンゴ）
――一般動詞の疑問文

● 活動の内容とねらい
　一般動詞を使った疑問文 Do you〜? をスムーズに使いこなすことを目的に，自由に相手を選んで，インタビューを行い，ビンゴゲームに結びつけます。

● 活動の進め方と指導のポイント

①準備物として、次のような絵ビンゴシートを配ります。

play	ride	clean	play	cook
ride	wash	write	watch	read
play	sing	eat	go shopping	play
do/play	listen	get up	dance	drink
go to bed	go to church	come home	swim	have/keep

② 未習語彙あるいは、あまり学習していない語彙があれば、必要に応じて指導します。

③ まず、シートを見ながらペアで一般動詞の疑問文とその答え方を練習します。

　　A : Do you play soccer?
　　B : Yes, I do. / No, I don't.

④　ビンゴ・ゲームのルールを説明します。
　・自由に相手を見つけて，Do you～？と問いかける。
　・相手が Yes, I do. と答えたら，絵の下の空欄にその人のサインをもらう。
　・縦，横，斜め，のどこか1列が並んだらビンゴとなり，先生に報告したあと，席に戻る。
　・5分経ったら，活動をやめる。

《活動例》
　　A : Excuse me. Do you ride a skateboard?
　　B : No, I don't.
　　A : Do you eat *natto*?
　　B : Oh, yes, I do.
　　A : Do you go to bed at eleven?
　　B : Yes, I do.
　　A : Thank you very much.
　　B : You're welcome.

⑤　ビンゴになった生徒は次のようにレポートさせます。
　　A : Yoshiko cleans her room. Kiyoshi writes a letter in English. Koji eats *natto*....

● 応用・発展活動
①　絵のかわりに play soccer, ride a unicycle といった文字によるビンゴシートでゲームを進めると綴りの習熟にも役立ちます。
②　相手を自由に選んで行う活動（flexible pair work）ではなく，最初から最後まで相手を固定したペア活動（fixed pair work）で行います。どちらが速くビンゴになるかを競争させても構いません。

4 「こちらは～です」（変形伝言ゲーム）——主語と be 動詞の呼応

● 活動の内容とねらい
　　主語（1人称 I, 2人称 you, 3人称 he/she）と be 動詞（am, are, is）のス

ムーズな結びつきを促すために，列対抗の変形伝言ゲームを行います。それによって，自然に主語と be 動詞の呼応を身につけさせることを目的とします。

● 活動の進め方と指導のポイント
① 準備するものは，たとえば職業と年齢を描いた絵カード。

《例》 ① teacher 42歳 ② doctor 50歳 ③ singer 18歳 ④ nurse 22歳

② 職業を見て，すぐに大きな声で言えるように練習しておきます。
③ 変形伝言ゲームのルールを説明します。
・列対抗で行う。
・6人のグループの場合，各列の1，3，5番目の人にカードを渡しておく。4人グループの場合，各列の1，3番目の人にカードを渡しておく。男性の情報が入ったカードと女性の情報のものとを交互に渡すことにより，he, she の両方を練習することができる。
・全員立って活動を行い，S_1 が最後のせりふを言い終えたら着席する。

《活動例》

S_1：（自分の持つカードを見て，S_2 に）
　　　I'm （ 名前 ） and I'm a （ 職業 ）．

S_2：（S_1 に向かって）You're （ 名前 ） and you're a （ 職業 ）．
　　　（S_3 に向き直って）This is （ 名前 ） and he's a （ 職業 ）．

S_3：（S_2 に向かって）Oh, （ 名前 ） is a （ 職業 ）．
　　　（自分の持つカードを見て，S_4 に）
　　　I'm （ 名前 ） and I'm a （ 職業 ）．

S_4：（S_3 に向かって）You're （ 名前 ） and you're a （ 職業 ）．
　　　（S_5 に向き直って）This is （ 名前 ） and she's a （ 職業 ）．

S_5：（S_4 に向かって）Oh, （ 名前 ） is a （ 職業 ）．
　　　（自分の持つカードを見て，S_6 に）

　　　　　I'm （ 名前 ）and I'm a （ 職業 ）.
　　S_6：（S_5に向かって）You're （ 名前 ）and you're a （ 職業 ）.
　　　　　（S_1のところへ行って）This is （ 名前 ）and he's a （ 職業 ）.
　　S_1：Oh,（ 名前 ）is a （ 職業 ）. でゲーム完了。
＊4人グループで行う場合は，S_4がS_1に向かって
　　That woman is （ 名前 ）and she's a （ 職業 ）. と伝えたあと，
　　S_1が Oh,（ 名前 ）is a （ 職業 ）. でゲーム完了。

● 応用・発展活動
① 変形伝言ゲームを2回，3回と繰り返し，グループの列の順番を変えることによって，役割（伝言内容）を変えます。
② 名前や職業だけでなく，年齢や出身地，状態（hungry, thirsty, tired, etc）や性格などを表すさまざまな形容詞（kind, friendly, serious, etc）など，より多様な自己表現に発展させていくことができます。

5 「こんな人いるかな？」(Find someone who…)──助動詞 can

● 活動の内容とねらい
　助動詞 can（～できる）を導入したあとで，can を使った疑問文とその答え方をゲームの中で，何度も発話させることにより，自然に使用することができるようにすることを目的として行います。

● 活動の進め方と指導のポイント
① 準備物として，次のような2種類のインタビューシートを作成します。
② クラスを二つのグループA・Bに分け，それぞれにワークシートを配ります。
③ まず，Aグループの生徒が，Bグループの生徒に自由にインタビューします。次に，Bグループの生徒が，Aグループの生徒に自由にインタビューします。それぞれのタスクに該当する男女を1名ずつ探します。

Sheet A　次のような人を男女1名ずつ探し，その人の名前を記入しよう。

- I can type and I can send e-mail.　　　　(　　　) (　　　)
- I can sing 'The ABC Song' but can not sing 'Let It Be.'
　　　　　　　　　　　　　　　　　　　　(　　　) (　　　)
- I can not ski but can swim more than 3 kilometers.
　　　　　　　　　　　　　　　　　　　　(　　　) (　　　)
- I can not eat *natto* and can not drink coffee.
　　　　　　　　　　　　　　　　　　　　(　　　) (　　　)

Sheet B　次のような人を男女1名ずつ探し，その人の名前を記入しよう。

- I can play tennis and I can play basketball.
　　　　　　　　　　　　　　　　　　　　(　　　) (　　　)
- I can sing 'Our School Song' but can not sing 'Our City Song.'
　　　　　　　　　　　　　　　　　　　　(　　　) (　　　)
- I can not snowboard but can run more than 10 kilometers.
　　　　　　　　　　　　　　　　　　　　(　　　) (　　　)
- I can not send e-mail and can not do internet.
　　　　　　　　　　　　　　　　　　　　(　　　) (　　　)

《活動例》

　　S_1 : Excuse me. Can you play the piano?
　　S_2 : Yes, I can.
　　S_1 : Can you send e-mail?
　　S_2 : No, I can't.
　　S_1 : Oh, I see. Thank you. Good-by.
　　　　Excuse me. Can you play the piano?

S_3 : Yes, but a little.

S_1 : OK. Can you send e-mail?

S_3 : Yes, I can. I have some mail friends.

S_1 : Oh, really. Write your name here. （S_3 が名前を書く）
　　 Thank you, S_3.

④ 全部名前が埋まった人は着席できます。活動時間を決めておくと，競争意識が出て活発に活動するでしょう。活動の際，日本語を使ったり，生徒同士が集まってシートを見せてしまわないように注意しておきます。

⑤ 活動後，インタビューの結果をみんなに発表します。

　　　＿＿＿＿＿ can play the piano and he/she can send e-mail.

● 応用・発展活動

夢のロボット・コンテストを行います。

「こんなロボットがほしいなあ」というテーマで，ロボットのイラストや絵と自由作文をかき，クラスで発表会をします。アイディア賞，ユーモア賞などの賞を設けて，みんなで審査し，表彰します。

6　Poor Jack から Pancho Comancho へ──3単現（一般動詞）

● 活動の内容とねらい

習得や定着に時間がかかる一般動詞の3単現の -s (-es) の導入，練習に Poor Jack の活動を行い，さらに，定着をねらって，Pancho Comancho の活動を行います。

● 活動の進め方と指導のポイント

① 準備練習として，Poor Jack の活動をすることにより，3単現（一般動詞）の肯定文，否定文の練習をします。

・ジャックの嬉しそうな表情の似顔絵 A と嫌そうな表情の似顔絵 B を黒板に貼る。

・A，B の似顔絵の下に，果物や野菜の絵カードや，フラッシュ・カードを次々に提示する。

・生徒は A の似顔絵の下にバナナの絵カードが提示されれば,

　　Jack〔He〕likes bananas.

　B の似顔絵の下ににんじんの絵カードが提示されれば,

　　Jack〔He〕doesn't like carrots.

と発話する。生徒の様子を見て,絵カードをすばやく貼り変えたり,指示棒などを使って,絵を指し示し,"apples" のように口頭でキューを与えたりする。

　　A　　　　　　　　　　　B

② 次に,Pancho Comancho のゲームに移ります。列対抗で,前の生徒の肯定文を否定文にして,新しく自分の文を作り,それを後ろの生徒に伝える活動で,タイムと正確さを競わせます。

《活動例》

　S_1：(絵を見て) Pancho Comancho plays tennis every day.

　S_2：He doesn't play tennis every day.

　　　 He listens to music every day.

　S_3：He doesn't listen to music every day.

　　　 He watches TV every day.

　他の列の生徒たちは,まちがった発話をしていないかどうかをよく聞いておき,まちがいがあれば 20 秒プラスする,というルールを決めておけば,正確さにも注意を払うでしょう。

● 応用・発展活動

① Pancho Comancho のゲームを行うときに，同じ動詞を使用して語彙の拡充を図ったり，異なる動詞を使用させれば，ゲームが盛り上がります。また，否定文，肯定文に続いて疑問文も発話させれば，ゲームの難易度がさらに上がります。

《活動例》

S_1 : Pancho Comancho plays soccer every Sunday.

　　Does he play soccer every Saturday?

S_2 : No. He doesn't play soccer every Saturday.

　　He cooks lunch every Saturday.

　　Does he cook lunch every Monday?

S_3 : No. He doesn't cook lunch every Monday.

　　He studies English every Monday.

　　Does he study English every Wednesday?

② ①の活動後，Pancho Comancho が行っている動作を1枚の用紙を順に回して，発話した文をすべて書き上げます。

7 「私はだ〜れ？」(Twenty Questions : 20の扉)
──特別疑問文②

● 活動の内容とねらい

今まで習ってきた疑問詞（what, where, how など）を総合的に活用します。グループ内で有名人，アニメのキャラクターなどの中から好きな人物を選び，その人物やキャラクターを当てるために，他のグループがいろいろな質問をします。できるだけ少ない質問で当てると得点が高くなります。グループ対抗で得点を競い合います。

● 活動の進め方と指導のポイント

① 準備段階として，教師がモデルのクイズを出し，生徒に wh-question でどんどん質問させます。

② 4～5人のグループを作り，有名人（芸能人，スポーツ選手など）やアニメのキャラクターから好きな人物を選び，その人物について，質問されれば答えられるように準備します。住んでいる所，年齢，特技（職業），いつ会えるか，どこで会えるか，趣味（好きな物），容ぼう上の特徴などの質問に答えられるように準備しておきます。
③ 選んだ人物の写真やイラストを用意しておきます。
④ 次の1)～4)の4つの key questions を順に行い，それでも答えが出ない場合は，必要に応じて自由に質問していきます。

  1) Where do you live? 2) How old are you?
  3) What can you do? 4) Where can I see you?

 答えがわかったところで，Are you（名前）? と尋ねます。正解のとき，出題者はイラストまたは写真を見せて，その人物について英語で説明します。
⑤ グループ対抗（トーナメント形式）とします。第1問で正解したら10点，第2問で正解したら9点と，質問を一つするごとに1点ずつ減らしていきます。ただし，Are you ～? で正解できなかったら，2点減点とします。同じ生徒が続けて質問したり，答えたりするのは反則とします。一度不正解を出した生徒は，全員の生徒が答え終わるまで答えることはできません。

《活動例》

 A : I am a man. Who am I?
 S_1 : Where do you live?
 A : I live in Tokyo.
 S_2 : How old are you?
 A : I am 20 years old.
 S_3 : What can you do?
 A : I can dance very well.
 S_3 : Are you Takizawa-kun?
 A : No, I'm not.

S_4 : Where can I see you?

A : You can see me at the TV station.

S_5 : What else can you do?

A : I can walk on the rope.

S_6 : Are you Okada-kun in V 6?

A : That's right. Your group gets 3 points.

● 応用・発展活動

① 各グループで選んだ人物の紹介文を作成します。

② 歴史上の人物を一人選んで,個人,ペアによるクイズ(Who am I?)作りをします。たとえば,「世界で最初に……をした人」というトピックで作成します。

《例》 I am a man. I lived in Japan. I am the first Japanese in foreign stamps.

I lived in the Muromachi era. I can draw pictures with Chinese ink. The pictures are often on the wall of the Japanese rooms. Katsushika Hokusai is the second man in the foreign stamps. Who am I?

〈答え=sesshu(雪舟)〉

8 Matching Game ── 名詞の単数・複数

● 活動の内容とねらい

　発音の違いにより不定冠詞に a, an がつく可算名詞と不定冠詞のつかない不可算名詞に習熟させるため,カードを使って,すばやく正しい組み合わせができるように,ペアで活動させます。

● 活動の進め方と指導のポイント

① 次のようなワークシートをペアに1枚ずつ配り,Ready, go! で,ワークシートを完成します。

A	B
a— (　　　　) **an**— (　　　　) φ— (　　　　)	1. book　　2. animal　　3. apple 4. tennis　　5. juice　　6. piano 7. egg　　8. eraser　　9. pencil 10. banana　11. orange　12. milk 13. teacher　14. math　　15. notebook 16. watch　17. bag　　18. basketball 19. soccer　20. chalk

② ペアの片方に1枚ずつ名詞カードを渡し、輪になって座らせます。教師も生徒と同じ名詞カードを持っています。教師の見せるカード（a, an）と、発音された単語によって、該当する生徒が立ち上がり、正しく発音すれば輪を離れていきます。

《活動例》

T：（ペアの一人に名詞カードを渡し、a, an, φのカードを用意する）

S：（名詞カードを持って輪になって座り、教師の発話をしっかり聞く）

T：（aのカードを見せながら、3種類の名詞カードを1枚ずつ引き、それらを読み上げる）apple, tomato, juice.

S：（自分の名詞カードを見て、tomatoの生徒だけ立ち上がる）正解であれば、教師のところに来てカードを見せて、みんなに向かって発音する）A tomato.

T：Good. You did it!

正しく立てなかった生徒はアウト。

● 応用・発展活動

① 4～5人のグループを作る。グループ全員に3～4枚ずつ名詞カードを渡します。教師が黒板に、a—, an—, φ—のカードを貼り、Ready, go！の合図で3種類のカードの横に、名詞カードを貼らせます。所要時間、正確さでグループごとに競い合います。グループによって名詞カードを変えます。

② 名詞カードを多少変えることによって，many—muchやa few—a little に対応させてゲームをすることもできます。

9 「ただ今〜しております」（実況中継）――現在進行形

● 活動の内容とねらい

何枚かのパノラマの絵を利用して，アナウンサーやリポーターになって，実況中継風に絵の内容を説明することにより，現在進行形の意味を理解し，〈be＋-ing形（現在分詞)〉の言語材料の練習・定着をねらいとします。

● 活動の進め方と指導のポイント

① クラスを10人までのグループに分けます。
② パノラマの絵をグループの数だけ用意して，教室で見えるような大きさに拡大しておきます。

In the Park

Akiko / Taro / Ken / Maki / Shota / Koji / Akira / Tomoki / Jiro / Yohei / Saki

③　黒板に次のような絵を貼り，1分間で絵の内容について覚えます。
④　1分後，くじを引いてあるグループが選ばれると，そのメンバー全員が，教卓の前に出て，みんなの方を向き，一人ずつ，アナウンサー風に今見ていた絵の内容についてレポートします。決められた時間内に，たくさんの情報をみんなに伝えるようにします。聞いているみんなは，ジャッジとなり，発表された文が正しいか，重なっていないかを判定します。1文につき1点として，グループ対抗とします。
⑤　次に，先ほどと異なる絵を1分間見せて，同じような手順で得点を競い合います。

⑥　ゲーム後に，もう一度絵を見て，作った文をノートに書いて確認します。
● 応用・発展活動
①　昼休みや放課後の教室やグランドで生徒たちの様子をビデオ撮影してお

き，それを見ながら実況中継にチャレンジさせると，より生き生きとした楽しい活動になります。

② ジェスチャー・ゲーム

Sentence Card を読んだ生徒が，ジェスチャーをします。他の生徒は，Are you ～ing? を使って何のジェスチャーかを当てます。いくつかの質問で当たらなければギブアップして，What are you doing? の質問で答えを確認します。グループ対抗でも，ペア活動としても実施できます。

10　神経衰弱（Concentration）── 受動態

● 活動の内容とねらい

完成すると能動態とその受動態の文になる2種類のカードを(A)主語，(B)述語動詞，(C)その他の部分に3分割して用意し，ペアで神経衰弱の要領でカードを取り合い，ゲームを楽しみながら正しい文を作らせることにより，能動態と受動態の文構造の違いに習熟させます。

● 活動の進め方と指導のポイント

① イラスト4枚とその絵の内容を(Ⅰ)能動態および(Ⅱ)受動態で表現した各4種類の文を(A)主語，(B)述語動詞，(C)その他の部分に3分割したカードを用意します。

（Ⅰ）能動態

(A)	(B)	(C)
Yoritomo	started	the Kamakura Government.
Mitsuhide	killed	Nobunaga in the Honnoji Temple.

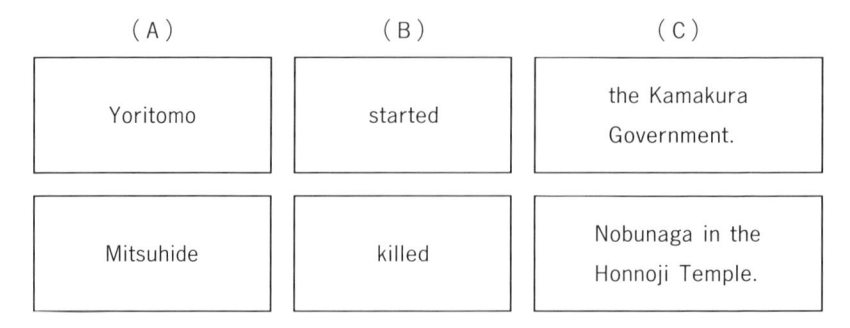

Hideyoshi	built	the Osaka Castle.
People	call	the Himeji Castle Shirasagi-jo.

（Ⅱ）受動態

(A)	(B)	(C)
The Kamakura Government	was started	by Yoritomo.
Nobunaga	was killed	by Mitsuhide in the Honnoji Temple.
The Osaka Castle	was built	by Hideyoshi.
The Himeji Castle	is called	Shirasagi-jo.

② 生徒のペアを指定し，机を寄せて着席させます。
③ まずイラストを見て生徒に完成文の予想を立てさせます。
④ 次に（Ⅰ）能動態のカードを（A），（B），（C）ごとに分けて裏向きに置き，神経衰弱の要領で一人が1回ずつ（A）から順に1枚ずつめくりながら4つの能動態の文を作ります。
⑤ 予想した適切な文が完成すればそのカードを引き上げ，1点としますが，（A）から（B）または（B）から（C）へのつながりが誤りであればカードを戻し，再度混ぜて裏向きに置きます。

⑥ 制限時間を設け，その時間内により多くの文を完成した人を勝者にします。

⑦ さらに今度は(II)受動態のカードを用い，上の④から⑥と同じ方法でゲームを行います。

⑧ ゲーム終了後，次のような教師と生徒とのインタラクションを通して結果を確認します。

T : What did Yoritomo do, S_1?

S_1 : He started the Kamakura Government.

T : Right. The Kamakura Government was started by Yoritomo. When was it started? Do you know?

S_2 : It was started in 1492.

T : Are you sure? Was the Kamakura Government started in 1492, S_3?

S_3 : No, it was started in 1192.

T : Good. Then what happened in 1492?

S_4 : Columbus reached America.

● 応用・発展活動

既習の動詞の中から受動態の文を作るのに適切な語（例：write, paint, sing, speak など）を指示し，生徒にこれらを用いて正誤とりまぜた内容の文を5つ程度作らせます。その後，ペアを指定し，次の要領でクイズ形式で問答させます。

（文例）
・*Yukiguni* was written by Akutagawa.
・English is spoken in Singapore.

（問答例）
S_1 : Was *Yukiguni* written by Akutagawa?
S_2 : No, it wasn't written by Akutagawa.
S_1 : Then who wrote it?
S_2 : Kawabata did.

11 英語百人一首──関係代名詞（主格）

● 活動の内容とねらい

主文と修飾節の2枚のカードに分かち書きされた主格の関係代名詞whoを含む文を，百人一首の要領で読み手が上の句（主文）を読み，取り手がそれに続く下の句（修飾節）を取るゲームです。生徒を後置修飾構造に習熟させることがねらいで，人やものを表す文尾位の関係代名詞節について理解を深めさせる活動として利用するとよいでしょう。

● 活動の進め方と指導のポイント

① 次のような読み札と取り札を用意します。

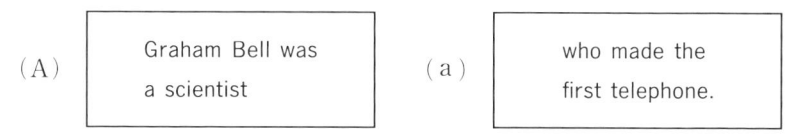

(A) | Graham Bell was a scientist | (a) | who made the first telephone. |

（他の文例）

- Atsumi Kiyoshi was a movie star who was played *Tora-san*.
- Stevie Wonder is one of the singers who recorded "We Are the World".
- Orville and Wilbur were the Wright Brothers, who first flew in a plane.
- Thomas Edison was an American who invented a lot of important things.
- Tezuka Osamu was a comic book writer who created *Tetsuwan Atomu*.
- Beatrix Potter was a writer who wrote the story of *Peter Rabbit*.
- Jim Abbot was a major leaguer who played with one arm.
- Martin Luther King, Jr. was a leader who worked for black people in America.
- Anne Sullivan was a teacher who taught many things to Helen Keller.

② 文の意味を確認し，教師のあとに続けて英文を音読させます。
③ 3～4人程度のグループで机を寄せ，取り札を置きます。
④ グループの一人が読み手になり，残りの生徒は取り手になります。学習が進んだ段階では，取り手が下の句を取ると，完成した文を復唱させるとよいでしょう。一番多くの札を取った生徒を勝ちとします。教師は机間巡視で，読み手が正しく音読しているか確認します。
⑤ 活動終了後，教師は次のような生徒とのやりとりで，生徒の文構造の理解を確認します。

T : What was Atsumi Kiyoshi, S_1 ?
S_1 : He was a movie star.
T : That's right. Then what did he play, S_2 ?
S_2 : He played *Tora-san*.
T : Good. Atsumi Kiyoshi was a movie star..., S_3.
S_3 : Atsumi Kiyoshi was a movie star who played *Tora-san*.

● 応用・発展活動
① 坊主めくりの要領で，上の句の札を裏向けにして積み，1枚ずつ表に返し，それに続く正しい下の句を取り，完成した文を生徒に言わせるゲームに発展させることができます。
② この活動は分詞の後置修飾にも応用できます。

| (A) | *Botchan* is a novel | (a) | written by Soseki. |

12 インタビュー・ビンゴ ——現在完了形（経験）

● 活動の内容とねらい

Find someone who の形式のインタビューゲームにビンゴゲームの要素を加えることによって生徒の活動に対する動機づけを高め，現在完了の経験用法の疑問文，肯定文，否定文に習熟させることがねらいです。

● 活動の進め方と指導のポイント

Find Your Classmate

___ has been abroad	___ has climbed Mt. Fuji	___ has been on TV	___ has taken a lesson in tea ceremony
___ has made a *haike*	___ has read *Kokoro*	___ has swum in a river	___ has ridden a horse
___ has spoken to a J-League player	___ has seen a Yoshimoto comedian	___ has played chess	___ has ice-skated
___ has worn kimono	___ has kept a hamster as a pet	___ has learned the violin	___ has got a love letter

① 上のビンゴカードを生徒の人数分用意します。
② 絵を見て，"Have you ever...?"の口頭練習をさせ，そのあと，生徒にインタビューの仕方を練習させます。答える場合は Yes/No だけでなく文で答えることとし，必要に応じて適切な情報を付け加えさせます。

　S_1: Excuse me. Have you ever been abroad?
　S_2: Yes, I have. I have been abroad once.

③ 教師の合図でインタビューを開始します。活動に際して，あらかじめ次の

ようなことを指示しておきます。

- 同一相手への質問は一つに限ること。
- 同じ質問を尋ね返すときには，How about you? Have YOU ever...? のような表現やセンテンス・ストレスを用いること。

④ 生徒は Yes と答えたクラスメートの名前をカードに記入し，制限時間内にできるだけ多くのビンゴを達成するようにします。

⑤ 終了後，次のような教師と生徒のやりとりで，現在完了形と過去形との対比により活動内容の確認を行います。

T : Who has climbed Mt. Fuji, S_1 ?

S_1 : S_2 has climbed it twice.

T : Oh, you have climbed it twice, S_2. When did you climb it?

S_2 : When I was in the sixth grade and the eighth grade.

● 応用・発展活動

このビンゴシートを使って同一相手に何回質問してもよいこととし，たくさんのビンゴになる友達を探させ，活動後，「経験豊かな友達 Mr./Ms. X」と題して次のようにその友達を紹介する文を書かせることもできます。

　Ms. Takada is a very active girl. She has ice-skated many times and swum in a river once. She is also interested in Japanese culture. She has taken a lesson in tea ceremony since she was in the seventh grade.

13 まちがい探し（Spot the Differences）——現在完了形（完了）

● 活動の内容とねらい

　時間差のある2枚の絵に描かれている動物の行動について，ペアでQ＆Aによってちがい探しをさせ，楽しみながら現在完了（完了）を理解し，身につけさせます。

　生徒にとって，その表す時間帯の理解が難しい現在完了の完了用法を，時間差のある絵を用いて，現在進行形との対比により理解し定着させることがねらいです。

3 ゲーム——127

● 活動の進め方と指導のポイント

Picture A—ten minutes ago

Picture B—now

① 10分前の様子を表した絵（Picture A）と現在の様子を表した絵（Picture B）からなる2枚1組の絵を各ペアに配付し，ペアの一方の生徒がA，他方の生徒がBの絵を持ちます。その際，お互いに絵を見せ合わないように注意します。

② 一定時間（たとえば3分間）の間，Aの絵を持つ生徒とBの絵を持つ生徒で，①から順番に次の要領でQ&Aを行い，動作を完了した動物を見つけます。

　　S_1：（Aの絵①を見て）No. 1. Ted is writing a letter. Is Ted still writing a letter?

　　S_2：（Bの絵①を見て）No, he isn't. He has just written a letter.

　　S_1：Really?（Aの絵②を見て）No. 2. Bill is fishing. Is Bill still fishing?

　　S_2：（Bの絵②を見て）Yes, he is. He is still fishing.

　　S_1：I see. No. 3....

以下制限時間がくるまでQ&Aを続け，絵を交換し，役割を交代し，同様に活動を続けます。

③ 制限時間終了後，各ペアに，見つけたちがいの数を尋ねます。

④ 活動終了後，各ペアで見つけたちがいのある文をライティングさせて，現在完了（完了）の定着を図ります。

● 応用・発展活動

　AおよびBの絵それぞれの動物の名前と動作を記憶させ，Aの絵の動作がBの絵で完了しているものを発表させるという方法で記憶ゲームを行うと楽しいでしょう。

14　変形フルーツバスケット──現在完了形（継続）

● 活動の内容とねらい

　フルーツバスケットを応用したゲームを通して，現在完了の継続用法の定着を図ります。過去時制と現在時制の文を聞いて，生徒は素早く現在完了の文を作ることを要求されます。体を使って楽しみながら現在完了の継続用法を身に

つけることができます。

● 活動の進め方と指導のポイント

① 20名程度のグループを編成し、ゲームを2回行います。
② それぞれの生徒に John, Nancy といった名前を与えます。ただし、同じ名前の生徒が2人ずつになるようにします。
③ 次のような読み札を10枚程度用意します。

John moved to Osaka five years ago. He still lives in Osaka.

Nancy joined the tennis club two years ago. She's still in the tennis club.

Bill's grandmother became sick last December. She's still sick in a hospital.

④ オニを決め、教師はオニに読み札を1枚渡します。オニは大きな声で読み札を読みます。
⑤ 自分の名前の入った英文を聞いた生徒は、空いている椅子を目指して走ります。
⑥ 先に椅子に着いた生徒は、次のように与えられた2文を現在完了（継続）を使った1文で表現します。

S (John): I've lived in Osaka for five years.

⑦ 先に椅子に着いた生徒が正しく英文を言えれば、その生徒が椅子に座ります。正しく言えなければ、もう一人の生徒に英語を言わせます。2人とも正しく英語を言えない場合は、教師がヒントを与えてもう一度同じ順番で言わせてオニを決めます。
⑧ オニが決まった時点で全員に現在完了形の英文を復唱させることによって、主語が3人称の場合の表現を定着させることもできます。

S: John has lived in Osaka for five years.

⑨ 活動時間に応じて、同じ名前の生徒に関する英文をいくつか用意しておくと、生徒の活動量を増やすことが可能です。

● 応用・発展活動

次のような現在完了（継続，経験）を融合したタスク・カードを与えて，"Find someone who…" 形式で該当する友達を探させます。球団や球場名，野球をJリーグに変えたりすれば，様々なタスクを与えることが可能です。関東地方で阪神ファンを探させるなどにすれば，生徒の発話量を増やすことができます。

e. g., ＿＿＿＿＿ has been a Tigers fan. He/She has been to Koshien more than ten times. His/Her favorite player is（　　　　　）.

15　Q＆Aゲーム──接続節

● 活動の内容とねらい

生徒が興味を持っている小説や音楽などをイラストを用いて Show & Tell 形式で紹介させることによって，接続節の定着を図るとともに，ペアによる Q＆A ゲームを通して友達の好きなものについて情報のやりとりを楽しませます。

● 活動の進め方と指導のポイント

① おはじきなど得点の目安になるものを20個程度と，小説，絵画，映画，CDなどの数種類のカードを用意します。

| write | paint | direct | sing |

② ペア活動を行います。
③ ペアの一人がカードを選び，Show & Tell 形式で自分の好きなものにつ

いて紹介を始めます。相手の生徒はそれに対してどんどん質問をしていきます。

S_1：（小説のイラストを見せながら）This is a novel I like very much.
S_2：Who wrote it?
S_1：Natsume Soseki wrote it.
S_2：When did you buy it?
S_1：I bought it last year.
S_2：How many times did you read it?
S_1：I read it five times.
　　　……

④　生徒は質問したり答えるたびに，おはじきを1つずつ取っていきます。
⑤　与えられた時間内でできるだけ会話を発展させて続けていきます。時間が経過した時点で活動をストップさせ，2人で獲得したおはじきの合計を数えさせます。
⑥　次に，役割を交代して，もう一度同じ要領でQ&Aを行わせます。
⑦　最後におはじきの合計を計算させて，数の多いペアが勝ちとします。

● 応用・発展活動

小説，音楽などのジャンル別に，上記のような絵カードを数枚ずつ準備し，自分の好みのジャンルから絵カードを1枚選ばせ，次の要領で活動を進めさせ，相手の好きな作品を特定させます。この場合，質問は接続節を含む文を使うことをルールにしておきます。

S_1：This is the novel I like the best.
S_2：Is it a novel Soseki wrote?
S_1：No, it isn't. It isn't a novel he wrote.
S_2：Then, is it a novel Ryunosuke wrote?
　　　……

16 Simonの命令・依頼の伝達ゲーム
　　──SV (tell, ask) O+to 不定詞

● 活動の内容とねらい
　Simon Says は命令文の練習によく用いられるゲームです。テンポよく数多くの英文の内容を聞き取り，素早く動作を行うことによって，自然に構文を理解するようになるのがこのゲームの特長です。ここでは，Simon の命令や依頼を「SV (tell, ask) O+to 不定詞」の表現を用いて，他の生徒たちに伝達させゲームを行います。伝達動詞 tell, ask の意味，および被伝達部が to 不定詞で表されることに習熟させることがねらいです。

● 活動の進め方と指導のポイント
① クラス全体でウォーミング・アップとして Simon Says を行います。
② 次の Simon の命令・依頼の伝達ゲームのルールを説明する。
　・教師が，Simon says, "Turn around." と言えば伝達役の生徒は Simon told you to turn around. と他の生徒全体に伝えます。他の生徒は下線部の動作を実際に行います。
　・教師が，Simon says, "Please open the window." と言えば，伝達役の生徒は Simon asked you to open the window. と他の生徒全員に伝えます。他の生徒は下線部の動作をジェスチャーで行います。
　・いずれもまちがった生徒は失格となります。
③ 次のようにゲームを行います。
　　T : Simon says, "Stund up."
　　S_1 : Simon told you to stand up.
　　S_s : 起立する。(まちがった生徒は失格)
　　T : Simon says, "Please play the piano."
　　S_1 : Simon asked you to play the piano.
　　S_s : ピアノをひくジェスチャーをする。(まちがった人は失格)
　　　……

④ 最後までまちがえないで伝達役の命令や依頼に従うことができた生徒が勝ちとなります。

⑤ テンポよくスピーディに Simon の命令や依頼を伝達することがゲームを盛り上げるポイントです。

最後まで勝ち残った生徒や ALT を活用できれば効果的でしょう。

● 応用・発展活動

「SV (tell, ask) O＋to 不定詞」の文型を理解させ定着を図るために，Simon says を楽しませたあと，次の要領で，メモリ・ゲームに取り組ませてもよいでしょう。

T : What did Simon tell you to do?

S_1 : He told us to stand up first.

T : What else did he tell you to do?

S_2 : He told us to jump two times.

T : What did he ask you to do?

S_3 : He asked us to play the piano.

……

ペアで上のような Q & A を行わせます。多く答えることができた方が勝ちとしてもよいでしょう。

17　NG Chain Story ── SVOC

● 活動の内容とねらい

生徒に愛称で親しまれている教師やスポーツ選手などの有名人を紹介する文をグループごとにリレー式に作り，発表させることにより，SVOC の文型が自然に用いられる場面を設け，この文構造に習熟させることがねらいです。紹介の際に使ってはいけない単語（NG ワード）を避けて，どれだけ多くの文を言うことができるかを競い合うゲームです。

● 活動の進め方と指導のポイント

① 愛称で呼ばれている先生や有名人の拡大写真または似顔絵と NG ワード

が1語書かれたカードを数種類用意します。NG ワードは内容語を中心に設定し，たとえば動詞では like や live など，形容詞では happy や interesting など，人を紹介する際によく用いられる語にすれば活動が盛り上がるでしょう。

② 5～6人程度のグループを指示し，机を寄せて着席させます。

③ 拡大写真または似顔絵と NG ワードを裏向きにして並べ，グループごとに各1枚を選ばせます。自分たちの NG ワードを見ることはできません。

④ "This is Mr./Ms. ○○. We call him/her ××." で始め，グループごとに当該教師を紹介する文章を考えます。教師は机間巡視により，必要な助言を与えます。

⑤ グループごとに教室の前に出て，次の要領で前の生徒の言葉を正しく復唱しながらそのあとに1文を加えて Chain Story ゲームを行います。NG ワードはグループの背後の黒板に貼ります。

S_1：（写真を持ちながら）This is Mr. Ogura. We call him Ogurin.（写真を S_2 に渡す）

S_2：This is Mr. Ogura. We call him Ogurin. Ogurin is our PE teacher.（写真を S_3 に渡す）

S_3：This is Mr. Ogura. We call him Ogurin. Ogurin is our PE teacher. He likes golf very much.

C：N. G.! "Like" is your N. G. word.

⑥ NG ワードに引っかかれば1回目は即座に言い換えることとし，2回目で終了します。2回目に引っかかるまでに言った文の数をグループの得点にし，最も得点の高いグループから順位をつけます。

● 応用・発展活動

① まとめとして，画用紙の上部に写真を貼り，その下に紹介文を書かせ，適宜イラストなどを添えることにより，先生や有名人紹介の作品として完成させます。

② 愛称で呼ばれている建造物や歴史上の人物などを紹介する文をグループご

とに3~4文で考えさせ、その名称を当てさせるクイズ問題を作らせます。最初の2~3文ではその特徴を述べ、最後にその愛称から正式名を答えさせます。

　　He was born in 1537 and died in 1598. At first his family name was Kinoshita. He built the Osaka Castle in 1583. People often call him Taiko-san. What is his name?

18　借り物ゲーム──SVOO

● 活動の内容とねらい
　SVOOは日常の会話の中でもよく用いられる文型です。そこでこの文型が実際に使われる場面を設定し、そこでの品物の貸し借りを通してlend, show, giveなどの動詞の用法に慣れさせることがねらいです。依頼表現とその応答の復習として利用することもできます。

● 活動の進め方と活動のポイント
① 5~6人程度のチームを指示します。
② ハンカチ、鉛筆、テニスボール、リコーダー、教科書、通学カバンなど学校で用いる品物を日本語と英語の単語で記した借り物カードとそれらをイラストで描いた絵カードを用意します。枚数は、借り物カードは2チームの人数分、絵カードは2チームを除いた人数分とします。
③ 品物を貸し借りするときの表現を復習します。
　　S_1: Excuse me. Will you lend me your textbook?
　　S_2: Sure. Here it is. / Sorry. I don't have it now.
④ 2チームの生徒が借り手となり、各自が1枚ずつ借り物カードを引き、自分が借りるものを確認します。残りの生徒は絵カードを1枚ずつ引き、カードが借り手に見えないように裏返して置き、自分の席に着席します。
⑤ 教師の合図でスタートし、③の表現を用いながら各チームが制限時間内にできるだけ多くの品物を借ります。各自が自分の品物を借りてまわってもよいし、チーム内で相談し、手分けして品物を探してもよいこととします。借

りた品物の個数がそのチームの得点になります。
⑥ 以後，チームごとに借り手と貸し手を交代しながらすべてのチームが両方の役割を経験します。
⑦ ゲーム終了後，次のような教師と生徒のやりとりでこの構文の定着を図ります。

T：What do you have, S_1?
S_1：I have a handkerchief.
T：Who lent you the handkerchief?
S_1：S_2 did. S_2 lent me this handkerchief.

● 応用・発展活動

借り物ゲームの時間が過ぎれば，借り手から貸し手へ品物を返却させる活動をプラスすることにより，借り手だけでなく貸し手にもこの文型およびこの文型のバリエーションである〈S＋V＋直接目的語＋to（for）間接目的語〉の文型を活動の中で多用させることができます。

また，その際，貸した品物に焦点が置かれているのか，あるいは貸した相手に焦点が置かれているのかによって，〈S＋V＋間接目的語＋直接目的語〉の文型が選択されるのか，〈S＋V＋直接目的語＋to（for）間接目的語〉の文型が選択されるのかが変化することも伝えます。

S_1：I have a pencil. I want to return it to the owner. Who lent me this pencil?
S_2：Please show it to me. Oh, it's mine. I lent you that pencil. Give it back to me.
S_1：O. K. Thank you very much for lending it to me.

19　インストラクターを探せ──SVO（＝疑問詞＋to 不定詞）

● 活動の内容とねらい

自分が習いたいことを希望の時間帯に教えてくれるインストラクターを探し出すという課題にペアで取り組ませることにより，〈疑問詞＋to 不定詞〉の用

法を理解させます。ここでは特に〈how to ～〉に焦点を当て，その意味に習熟させることがねらいです。

● 活動の進め方と指導のポイント

① 次のような技能やスポーツ名と日時を記したカードを技能，スポーツごとに各2種類，合計10枚程度，2組用意します。

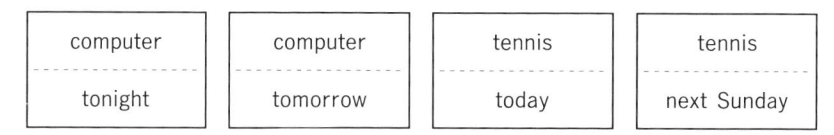

computer	computer	tennis	tennis
tonight	tomorrow	today	next Sunday

② クラスの生徒を4等分にグループ分けし，2グループを1チームとします。

③ 引き受ける場合と引き受けられない場合に分け，次の要領で，自分にとって都合のよいときに教えてもらえるインストラクターを探す方法を練習させます。

・引き受ける場合

S_1：Excuse me. Do you know how to use a computer?

S_2：Yes I do. I know how to use a computer very well. I'm a professional instructor.

S_1：Good. Can you teach it to me tonight?

S_2：Sure. How about coming to my house?

S_1：All right. I'll see you then.

・引き受けられない場合

S_1：Excuse me. Do you know how to play tennis?

S_2：Yes, I do. I know how to play tennis very well.

S_1：Good. Can you teach it to me today?

S_2：Sorry, I can't. I have something to do today. How about next Sunday?

S_1：I'll be busy next Sunday. Thank you anyway. Bye.

④ チーム内でグループごとにインタビューする側とされる側に分かれ，1枚

ずつカードを引き,教師の合図でスタートします。生徒は席を立って自由に相手を選びながらインストラクターを探します。教師は机間巡視により活動をモニターします。

⑤ 一定の時間が経過したら役割を交代し,グループ内の何人がインストラクターを見つけられたかを競います。

⑥ ゲーム終了後,次のような教師と生徒のインタラクションを通して結果を確認します。

T : What do you want to learn, S_1?

S_1 : I want to learn how to play tennis.

T : When do you want to learn it?

S_1 : Next Sunday.

T : And, did you find an instructor?

S_1 : No, I didn't.

T : Then, who can teach S_1 how to play tennis next Sunday?

S_2 : I can. I can teach him/her how to play tennis next Sunday.

● 応用・発展活動

次のように放課後の予定が記された(A),(B)2種類のカードを用意して,ペアでお互いの都合を確認し合いながら日程の調整を図る活動として行うこともできます。カードには共に同じ活動をする曜日かまたは共に何も予定の入っていない曜日を1日設けておきます。

(A)	
Mon.	club
Tue.	club
Wed.	computer
Thu.	
Fri.	piano
Sat.	homework

(B)	
Mon.	club
Tue.	piano
Wed.	club
Thu.	
Fri.	computer
Sat.	homework

S_1 : Excuse me. Do you know how to use a computer?
S_2 : Yes, I do. I know how to use a computer.
S_1 : Good. Will you teach it to me on Wednesday?
S_2 : Sorry. I have to attend my club on Wednesday. How about on Friday?
S_1 : On Friday? Let me see … I have to practice the piano on Friday. When are you free this week?
S_2 : I'm free on Thursday.
S_1 : Great. I'm free on Thursday, too. Then will you teach me how to use a computer on Thursday?
S_2 : O. K.

20 手伝いゲーム (Sorry, I have to do something.) ——have to

● 活動の内容とねらい

　ペアで活動します。各々日課カードを持ち、中央に手伝いの絵カードを置きます。中央の絵カードの手伝いを相手に依頼します。自分の日課カードを見て、時間があれば、"Sure, I will." と言って、相手の依頼を受けてカードを受け取ります。予定があれば "Sorry, I have to *do something*." と言って断ります。最後に手持ちの手伝いカードの数が少ない方が勝ちとなります。依頼の表

現（Will you...?），約束の表現（I have to *do something*）などの練習ができます。

● 活動の進め方

① ペアを作り，準備した日課カード，手伝いカード，サイコロ1個を配布します。

日課カード

Saturday	Saturday
1：00	1：00　art class
2：00　club meeting	2：00
3：00	3：00
4：00	4：00
5：00	5：00　swimming
6：00　piano lesson	6：00

② 順番を決めて，サイコロの出た数字が時間を表します。中央に置いた手伝いカードの1枚目の手伝いを相手に依頼します。手伝いを依頼する時間はサイコロを振って決めます。依頼された生徒は，自分の日課カードを見て，予定がなければ依頼を受けてカードを受け取ります。予定があれば断ります。手伝いカードは中央の山の下に入れます。

　S_1：Will you wash the dishes?
　S_2：What time do I have to wash the dishes?
　S_1：（サイコロを振ります）At 2 o'clock.
　S_1：Sure. I will.（カードを受け取ります）　断る場合は Sorry, I have to have a club meeting. と答えます。

③ ペアの一人の日課カードに予定が全て入ると，ゲームは終了します。最後に，手持ちの手伝いカードの数が少ない方が勝ちとなります。

● 応用・発展活動

語彙を増やしたい場合は，手伝いカードを使って，ビンゴゲームとします。次ページに示すような4×4コマのビンゴシートを配布し，指定した語彙を自

3 ゲーム——141

手伝いカード

wash the dishes	cook	water flowers	walk a dog
paint the wall	make a bed	clean the room	go shopping
set the table	wash the clothes	cut vegetables	iron clothes
wipe the window	wash the car	polish the shoes	take out trash

絵カード

I went to the U. S. A.	I want some glue
I went to the supermarket	I need a saw
I got up at 6 o'clock	I went to the stadium
I want some water	I jog every morning

由に生徒に記入させます。教師が "I have to water flowers." のように読み上げ，該当するイラストの部分に○をつけます。縦，横，斜めのいずれかが並べばあがりです。

21 職業ドミノ（Domino）――不定詞（名詞的用法）

● 活動の内容とねらい

ドミノゲームの要領で職業のカードから職業に関連するカードといったように次々にカードをならべて，早く手札がなくなった人が勝ちとなるゲームです。関連する絵が手札になければ，パスします。手持ちのカードが早くなくなった人が勝ちとなります。"I want to be...." の練習に役立ちます。

● 活動の進め方

① 32枚のドミノカードをグループ数用意します。
② 4人のグループを作ります。ドミノカードを等分に配布します。
③ 最初の人が職業カード4枚の中から1枚を選び，机に置きます。カードに描かれている二つの職業のどちらか一方の絵を選んで，"I want to be a (farmer)." と言います。
④ 次の人は机に出ているカードのどちらか一方の職業に関連するカードがあればその横に並べます。カードを出すときに自分の出すカードの職業の絵について "I want to be a singer." と言います。関連するカードがない場合，パスします。
⑤ 一番早く，手持ちのカードがなくなった人が勝ちとなります。

● 応用・発展活動

自分のなりたい職業の他に，その理由も発表させてみることもできます。ただし，理由が不適切な場合，カードをその人に戻し，次回をパスすることをルールにします。

3 ゲーム —— 143

職業カード

doctor	fire fighter	carpenter	singer
police officer	farmer	news reporter	programmar

ドミノカード

microphone / police officer	computer / doctor	cow / fire fighter	saw / farmer
police car / carpenter	injection / news reporter	fire engine / programmer	piano / singer
injection / fire fighter	fire engine / police officer	computer / doctor	police car / carpenter
saw / news reporter	microphone / programmer	cow / singer	piano / farmer
fire engine / carpenter	computer / police officer	piano / doctor	injection / fire fighter
saw / farmer	police car / programmer	microphone / singer	cow / news reporter
police car / programmer	fire engine / police officer	cow / doctor	injection / fire fighter
piano / farmer	microphone / carpenter	computer / singer	saw / news reporter

22 ばば抜き（Old Maid）——不定詞（副詞的用法）

● 活動の内容とねらい
　トランプのばば抜きの要領で，2枚のカードを組み合わせて意味の通る文を作らせます。手札が早くなくなった人が勝ちとなります。"I want some glue to repair the vase." といった不定詞の副詞的用法に習熟させます。

● 活動の進め方
① 　8枚の絵カードと9枚の目的カード（どれにも当てはまらないジョーカーカードが含まれます）をペア数用意します。
② 　各ペアで配布されたカードを等分に配布します。
③ 　配られたカードを見て，絵をヒントにどのような文を作成すればよいか仮説をたてておき，仮説にあった適切な文が完成したと考えた場合，2枚並べて表向きに置き，その文を発表します。相手はその文が正しいかどうかを考えます。正しくない場合は，その2枚を出すことはできません。
④ 　トランプのばば抜きの要領で，相手のカードを1枚ずつ取っていきます。自分の手札と合うカードの場合は③と同様に2枚を表向きに置き，その文を発表します。早く手札がなくなった人が勝ちとなります。
⑤ 　ゲームの最後に残ったジョーカーカードの目的を示す不定詞句を利用して，自由に文を作り発表させます。

● 応用・発展活動
① 　絵カードを利用して "Why...?" とその答えの問答を行います。ペアで絵カードを等分に配布し相手に絵カードを示し，次のように問答します。
　　S_1 : Why do you go to Washington D. C.?
　　S_2 : To see the White House.
　正しく答えれば2点を与えます。交互に問答を繰り返し，得点の高い方が勝ちとします。

② 目的カードを用いて，wh-疑問文の復習に使うこともできます。たとえば，次のような問答ができます。

　　S_1 : Where do you go to buy some eggs?
　　S_2 : I go to the supermarket.

目的カード

to see the White House	to cut the wood
to buy some eggs	to watch the baseball game
to walk our dog	to keep fit
to take some medicine	to please our teacher
to repair the vase	

23　探し物ビンゴ（Bingo）──不定詞（形容詞的用法）

● 活動の内容とねらい

　先生が読み上げるヒントを聞いて，食べ物，飲み物，衣服等が記入されたビンゴシートからその品物を選び，縦，横，斜めの一列に並んだ人があがりとなるビンゴゲームです。"I want something to eat." のような不定詞の形容詞的用法に慣れさせるのによい活動です。

● 活動の進め方

① ヒント読み出しカード1セット，ビンゴシートを生徒数用意します。なお，目印となるおはじきなどを生徒に準備させます。
② 生徒にビンゴシートを配布します。空白になっている斜め一列に，欄外に示した絵の単語を記入させます。
③ 先生が読み上げるヒントを聞いて，該当するものにおはじきを置いていきます。縦，横，斜めに一列に並んだ生徒は「ビンゴ」と叫びます。
④ 一番早く「ビンゴ」と叫んだ生徒が勝ちとなります。ただし，学習活動ですので，クラスの半数ぐらいの生徒が「ビンゴ」と言うまで続けます。

146──第4章 クイズ，パズル，ゲーム活用のアイディア

ビンゴカード

	a glass of water	muffler	cap
birthday cake		*omochi*	gloves
ice cream	pajamas		cheese
raincoat	sunglasses	school uniform	

hamburger	judo wear	*dorayaki*	wedding dress

ヒントカード

It is 12 o'clock. I love fast food. I want something to eat.	It's hot today. I love sweets. I want something to eat.
It is hot today. I'm thirsty. I want something to drink.	I'm sleepy. I'm going to bed. I need something to wear.
It's cold today. I feel cold. I want something to wear around my neck.	I'm Doraemon. I want something to eat.
It's sunny today. I want something to wear on my head.	I'm a mouse. I want something to eat. It's on a mouse trap.

Look for something to eat on your birthday.	It's raining. I need something to wear on a rainy day.
Look for something to wear in a judo match.	The sun is shining. I want something to wear over my eyes.
Look for something to eat on New Year's Day.	Look for something to wear at school.
Look for something to wear on your hands on a cold day.	I am a bride. Look for something to wear on my wedding.

● 応用・発展活動

① 生徒に課題として，ヒント作りをさせましょう。たとえば，世界の食べ物などにテーマを絞って，I love Italian food. I love cheese. I want something to eat.（Pizza）のように作らせてもよいでしょう。

② ここでは不定詞の形容詞用法で利用しましたが，現在分詞，過去分詞の後置修飾，関係代名詞の学習などにも利用できます。たとえば，Look for a person who serve on a plane.（a flight attendant），Look for something made from oil.（a plastic soda bottle.）

24 座席探しゲーム（Who was sitting ?）——過去進行形

● 活動の内容とねらい

　座席表と生徒の動作，状態を表したカードを準備して，グループで正しい座席表を完成させるゲームです。グループリーダーが質問しながら，他のメンバーから情報を聞き出して，座席表を完成させます。"Who was ～ing ?", "Ken was ～ing." および場所を示す前置詞句（in front of, behind, on one's right 他）の表現を学習します。

● 活動の進め方

① 座席表，9枚の生徒の行動カードをグループ数用意します。

座席表

	Teacher's Desk	
	Ken	

Who was sitting in front of the teacher's desk？から質問を始めなさい。

行動カード

You are Ken. You were sitting in front of the teacher's desk. The student on your right was sleeping at the desk.	You are Toshi. You were sleeping at the desk. The student behind you was reading a comic book.	You are Aki. You were doing your math homework. The student on your left was sharpening a pencil.
You are Emi. You were reading a comic book. The student behind you was doing math homework.	You are Taro. You were sharpening a pencil. The student on your left was listening to Walkman.	You are Yoshi. You were listening to Walkman. The student in front of you was making a paper plane.
You are Joy. You were writing a letter. The student on your right was Ken.	You are Meg. You were making a paper plane. The student in front of you was writing a letter.	You are Keiko. You were sitting in the center of the classroom. The student on your right was reading a comic book.

②　4人のグループを指定し，グループリーダーには座席表，他の3人には生徒の行動カードを等分に配布します。
③　グループリーダーは他の生徒に質問し，他の生徒からの答えに基づいて座席表に生徒の名前を記入して座席表を完成させます。
　　SL : Who was sitting in front of the teacher's desk?
　　S_1 : Ken was sitting in front of the teacher's desk. The student on his right was sleeping.
　　SL : Who was sleeping?
④　一番早く座席表に名前が記入できたグループに得点20点を与えます。次から18点，16点とします。すべてのグループが完成したあと，正しく座席表を埋められたのか確認していきます。まちがっていれば2点減点します。得点の多いグループが勝ちとなります。

●応用・発展活動
　ペアで活動します。互いに座席表と3枚の生徒の行動カードを持たせます。ただし，座席表には6人の座席はすでに記入されています。互いに情報のやり取りをして，残っている座席表を完成させます。

25　まちがい探し（Spot the Differences）——過去時制（be動詞）

● 活動の内容とねらい
　ペアで絵の内容について互いに尋ねたり，説明したりしながら，互いの絵の違いを見つける活動です。5つの違いを早く見つけたペアが勝ちとなります。この活動では主語が単数の場合と複数の場合を混ぜて提示していますので，be動詞の過去形 was, were の使い分けと疑問文の習熟が目的です。

● 活動の進め方
①　5か所が違う2枚の絵をペア数だけ用意します。
②　活動に入る前に，場所を表す表現（behind, under, between, next to, in front of, on）を復習しておきます。

③ ペアを作ります。内容の異なる2枚の部屋の絵を各々に配布します。互いに自分の持っている絵を説明したり，質問したりしながら，違いを見つけます。例えば，

S_1 : Was the basketball on the bed?

S_2 : No, it wasn't. It was under the TV. Was the TV set next to the piano?

S_1 : Yes, it was.

自分の絵を相手に見せないように注意しておくことが大切です。

④ 5つの違いが見つかれば，互いに絵を見せ合い，探し出した違いを確認させます。

● 応用・発展活動

次のような一列に並んだ人物の絵を利用して活動すれば，過去進行形の練習

ができます。たとえば，

S_1 : Ken was standing between Toshi and Emi. Ken was talking to Emi.

S_2 : Ken was sitting between Toshi and Emi. Ken was reading a book.

"Spot the differences" 形式のゲームは過去形，過去進行形，there is 構文などいろいろな場面で利用できます。

26 日課ゲーム (My friend's Diary) ―― be going to

● 活動の内容とねらい

　未完成の6種類の「トムの日曜日の予定」カードを生徒全員に配布し，互いに情報を交換して，各自の持っている予定カードを完成させます。"be going to..." の疑問文，肯定文を使用する活動となります。

● 活動の進め方

① 6種類の色分けした予定カードを各グループの生徒数用意します。

② 生徒を6グループに分け，準備した予定カードを各グループの生徒に配布します。生徒は次の要領で異なるカードを持つ他グループの生徒に質問し，各自の持っている予定カードを完成するように指示します。

　S_1 : What is Tom going to do at 10 : 30 on Sunday?

　S_2 : He is going to meet Mr. Oka.

　S_1 : Thank you.

　S_2 : You're welcome.

Tom's Diary on Sunday

Sunday		Sunday	
9:00	get on the train	9:00	get on the train
10:30		10:30	meet Mr. Oka
11:30		11:30	
1:00		1:00	
2:30		2:30	
4:30		4:30	
7:30	arrive home	7:30	
10:00	watch the video	10:00	watch the video
Sunday		Sunday	
9:00	get on the train	9:00	get on the train
10:30		10:30	
11:30	club meeting	11:30	
1:00		1:00	lunch with his friends
2:30		2:30	
4:30		4:30	
7:30		7:30	
10:00	watch the video	10:00	watch the video
Sunday		Sunday	
9:00	get on the train	9:00	get on the train
10:30		10:30	
11:30		11:30	
1:00		1:00	
2:30	movie with Kazu	2:30	
4:30		4:30	tea with Kazu
7:30		7:30	
10:00	watch the video	10:00	watch the video

③ 生徒は自由に教室を移動して，他のグループの生徒から情報を聞き出します。一番早く日課カードを完成させた人が勝ちとなります。ただし，自分の持っているカードを相手に見せないように指示します。
④ 活動終了後，生徒と問答しながら，答えを確認してください。

T : What is Tom going to do at 9 o'clock on Sunday?
S_1 : He is going to get on the train.
T : Is he going to have a club meeting at 10 : 30?
S_2 : No, he isn't. He is going to meet Mr. Oka.

● 応用・発展活動
① 活動終了後，レポートの形で以下の文に続けて書かせて，ライティングの練習とします。

This is Tom's diary. He is going to have busy Sunday. He is going to....

② Ken 君の日曜の行動記録，Emi さんの日曜日の日記というタイトルで過去時制の練習にも応用できます。

27 かくれんぼゲーム（Hide and Seek）——There is 構文

● 活動の内容とねらい

5×5マスのカードを準備して，カードに自分の動物を隠し，問答をしながら互いに相手の隠している動物を探し出すゲームです。疑問文とその答えを扱いますので，there is 構文の疑問文を定着させるのに最適の活動でしょう。

● 活動の進め方
① 5×5マスのカード2枚，生徒は赤鉛筆を用意します。
② ペアを指定し，互いに向かい合うように机を並べます
③ 生徒は自分のカードに，5種類の動物（サル，イヌ，ネコ，ウマ，ヘビ）とクモの絵を適当に選んだコマに鉛筆で描かせます。

Hide and Seek Card

④ 次にモデル文を提示して、ゲームの進め方を説明します。

A : Is there anything in A 3 ?

B : Yes, there is.

A : What's in it ?

B : There's a monkey.（自分のカードに相手の動物（この場合はサル）を赤鉛筆で記入し、A が続けて尋ねます）

A : Is there anything in A 5 ?

B : No, there isn't.（交替して、B が同様に尋ねます）

相手の動物をすべて見つけた生徒が勝ちとなります。ただし，クモを発見した生徒は，その時点で負けとなります。

⑤　ペアによって，ゲームの終了する時間がまちまちになりますので，早く終わったペアには，自分の隠した動物がどこにいるのかを相手に伝えて，記入させるように指導しましょう。たとえば，

　　S_1: There is a cat in A 5.
　　S_2: I see.（赤鉛筆でネコを描く）There is a snake in C 4.

● 応用・発展活動

①　6×6マスのカードを用意して，2コマから5コマにわたったヘビとトカゲの2種類の動物とクモの絵を描かせます。動物がいくつかのコマにわたっていますので動物の全体像がわかるのに時間がかかり，生徒はより熱中して取り組みます。

②　動物以外の語彙を利用することによって，語彙の学習にも利用できます。

28　スケジュール調整ゲーム（Schedule Arrangement）
　　——Shall we…?

● 活動の内容とねらい

　4人のグループで活動します。各々の生徒は提案に必要な活動内容を示した「提案カード」を持っています。グループの中央に置いた状況を示す「場面カード」にあわせて "Shall we…?" と提案します。全員が同意すれば，次の場面カードに移ります。3つの場面を早くクリアしたグループが勝ちとなります。

● 活動の進め方

①　「場面カード」と，「提案カード」A，B，C，Dをグループ数用意します。
②　4人のグループを作り，グループに1組の場面カードと各々に提案カード（p.157参照）を配布します。

場面カード

It's a sunny day. You want to go outdoors.	You are going to have a surprise party next Sunday.
It begins to rain. You will go home and play indoors.	

③ 場面カードをグループの中央に裏向きに置き，1枚だけ表向きにします。Aから順次交代でその場面に合った提案をします。他のメンバーは各自の役割カードを見て，その提案に返事をします。全員が同意するまで順番に提案をします。

　　S_1：Shall we go swimming in the pool?

　　S_2：Sorry, I won't.　S_3：I don't want to.　S_4：Sorry, I don't want to.

　　S_2：Then shall we go to the amusement park?

　　S_1：That's a good idea.　S_3：Yes, let's.　S_4：Sure, I will.

④ 全員が同意すれば，次の場面カードをめくり同様に進めます。

⑤ すべての場面をクリアしたグループが勝ちとなりますが，時間の関係で活動を短縮した場合，1場面クリアにつき5点とします。ただし，提案がその場面に合っていない場合は3点減点とします。得点の多いグループが勝ちとなります。

● 応用・発展活動

① 提案の表現 (Let's ~., How/What about ~?, Shall we ~?, Why don't we ~?) などの表現のまとめとして，他の人と違う表現を使って提案するようにルールを付け加えてもよいでしょう。

② 提案カードをイラストで示したカードを利用することもできます。

3 ゲーム——157

提案カード

A	B
Go swimming in the pool Buy some cakes Watch videos Go to the amusement park Clean up the room Read comic books Go to the bowling alley Listen to music Play cards Go to the zoo Buy some presents Make a list of guests	Go fishing Play TV games Enjoy net-surfing Watch videos Go to the museum Read comic books Go skating on the river Buy some presents Bake some cookies Go to the amusement park Make invitation cards Decorate the room
C	D
Listen to music Make a list of guests Go to the zoo Watch videos Go to the amusement park Play cards Go skating on the river Buy some presents Go cycling Bake some cookies Play TV games Clean up the room	Go cycling Enjoy net-surfing Watch videos Go window-shopping Buy some presents Clean up the room Go to the amusement park Decorate the room Go to the movie Enjoy talking at the table Listen to music Buy some cakes

第5章

パソコン，電話の活用法

はじめに

　コミュニケーションのためのメディアがそれこそ爆発的に進化，普及し，世に「IT（Information Technology）革命」が叫ばれる昨今，新学習指導要領にも，「コンピュータや情報通信ネットワークなどの有効活用に留意すること」という文言が見られるようになりました。CALL（Computer Assisted Language Learning）が新世紀の可能性に満ちた課題として取り上げられ，公立学校にもコンピュータの設置とインターネットへの接続が急速に進む今日，黒板とチョーク，テープレコーダーと画用紙だけで指導するという授業は，今は昔の物語となりつつあります。

　英語授業において，Eメールは，従来数週間かかった文通のやりとりを瞬時に送受信し，ホームページを開けば不特定多数の人々との交流も可能です。インターネットは，世界中からほとんど無限の情報を瞬時に得ることを可能にし，生きた本物の英語教材（authentic materials）に容易に触れることができます。また，インターネット上で行き交う情報の大半が英語であり，国際語としての英語の意義をいやが上にも実感させてくれます。ITが英語という言語を介して，まさに世界を small world にしてしまったのです。

　これら新時代のメディアを活用すれば，学習の個別化や効率化を図ることができるばかりではなく，これまでの教室の中だけの擬似コミュニケーション活動（pseudo-communication activities）の枠組みを取り払い，真のコミュニ

ケーション (real communication) を可能にし，文字ばかりか，写真や音楽を組み入れたホームページの制作，映像と音声を伴った TV 会議をも可能にするなど，教室に居ながらにして国際交流活動を展開することもできるのです。

メカに弱いとおっしゃる先生も，本章の実践例を参考に，生徒たちとともに学び，チャレンジしてみられてはいかがでしょう。生徒とのパートナーシップを通した新たな信頼関係 (rapport) が生まれるかもしれません。なお，本章に取り上げた実践は，「選択教科」としての英語や「総合的な学習の時間」における国際理解教育のモデルともなることでしょう。

1 節　E-mail（電子メール）

● 活動の内容とねらい——E-mail の意義と楽しさ

電子メールとは，いわばパソコンを使った手紙のことです。もちろん，紙に書かれたものがやり取りされるのではありません。ワープロなどで作った文章が自分の画面から，送る相手の画面に直接送られるのです。そのため普通の手紙のように時間がかかることなく一瞬にして送り届けることができます。この e-mail

写真 I　E-mail 作成風景

を利用できると英語に親しむ学習環境を容易に作り出すことができます。日常生活で，日本語で意思疎通を図っている生徒同士が，英語の授業ではあえて英語を使って活動します。しかし，e-mail を通じての交流では，世界の共通語となりつつある英語を使わざるを得ません。しかも，生徒それぞれに，外国の友人ができるわけですから，異文化への興味も自然と湧いてきます。1996 年度より約 2 年間，この e-mail による交流を授業で行ってきましたが，文化や生活環境の違いを生徒たちは楽しむことができました。特に，1997 年度より，

週1回，3年生全員参加のe-mail lessonでは，送られてくる「海外の友人」からの便りに，かなりの盛り上がりが見られました（写真1）。たとえば，「修学旅行でフォークダンスが楽しかった」という生徒に対して，「私たちは週末の夜はディスコで楽しんでるわ！ フォークダンスなんて子どもっぽい」という返信があったり，アメリカに留学中のある国の生徒からの「私の国には未来がない」というe-mailに，「どうしよう，先生，なんて応えればいいの？」と考え込む生徒も現れました。アルバイトでモデルをしている外国の生徒がいるかと思えば，「今，学校へ行きたくない」などと，日本でもありそうな話も飛び込んできます。意外な情報，共感できる情報，さまざまなやりとりに生徒たちは返信がくることを心待ちにしていました。

● 準備物――コンピュータは何台必要か？

学校の設備は必ずしも恵まれていない場合があります。ネットワークにつながっているコンピュータが生徒一人に1台あることが理想なのですが，なかなかそうもいきません。しかし少なくとも，パソコン通信の会社（プロバイダ）などを通じてネットワークに接続できるコンピュータが1台必要です。また生徒2～3人に1台，ワープロあるいはコンピュータ（ネットワークにつながっていなくてもよい）があればe-mail活動は十分行えます。ちなみに以下に紹介する活動は，コンピュータ1台とワープロ20台を使って行ったものです。

● 活動の進め方と指導のポイント――E-mailのやりとりの手順

（1） 活動前の指導と準備

① 相手校の募集

現在，ネットワーク上では，さまざまな教育機関がe-mailによる交流の仲立ちをしてくれています。例としてIECC（Intercultural E-mail Classroom Connections）を挙げてみましょう。ホームページを見ることができるならhttp://www.iecc.org/につないでみましょう（資料1）。青文字で表示の"Sub-

Intercultural E-Mail Classroom Connections

http://www.iecc.org

IECC (Intercultural E-Mail Classroom Connections) is a free service to help teachers link with partners in other countries and cultures for e-mail classroom pen-pal and project exchanges. Since its creation in 1992, IECC has distributed over 28,000 requests for e-mail partnerships. At last count, more than 7650 teachers in 82 countries were participating in one or more of the IECC lists: how many are participating today?

- Announcement: *Intergenerational IECC*

- General information about IECC
- About using this page

- Books of Interest
  New Book: *Content-Based College ESL Instruction*
- Related Resources

The graphic above is used with permission of Mecklermedia, Inc.

- How to Subscribe to IECC
- Submit a request to IECC
- Submit a request to IECC-INTERGEN (links with and between people 50 years and older)
- Search all IECC Archives

- Browse postings to: IECC-HE | IECC | IECC-INTERGEN | IECC-PROJECTS | IECC-SURVEYS
- Browse IECC-Discussion and Discussion Summaries

資料 I　IECCのホームページ

mit a request to IECC"をマウスの左ボタンで2度押せば，文化や国，年齢，英語のレベルなどに合わせて相手校募集の，いわば広告を出すコーナーが現れます。それに必要事項を書き込んでいけば，手軽に Key Pal（e-mailの交流相手）の募集ができます。

また，ホームページを利用することができなくても大丈夫です。民間のパソコン通信のプロバイダを利用し，e-mail を使って同じことができます。たとえば，ニフティサーブを利用するとすれば，INET：iecc-request@stolaf.edu と宛先を打ち込むと，IECC に Key Pal 募集の e-mail を送ることができます。そのときの e-mail の題名（Subject）ですが，たとえばアメリカの生徒たちと

```
Request from:
---------------
                    Name        : Jun Takai
                    E-Mail      : june@cs.osaka-kyouiku.ac.jp
                    Institution : Hirano Junior High School
                    Location    : Osaka, Japan

Seeking partner:
-----------------
                    Partner Type    : class
                    Institution Type: secondary
                    Culture         : any cultures
                    Language        : English
                    Time Frame      : April-December 1997
                    Number of Partners: 20-40

Other Comments:
----------------
Hi! My name is Jun Takai, a male teacher in Japan.
This year my students and I can have e-mail lessons once a week in regular classes.
I have some requests if your class welcome my students as your keypals.

 First, I'd like to ask you to welcome my students' mails in one address.
That's because our school has only one computer to send and get e-mails.
My students can make e-mail with old word processors and I have to
combine them in one. If I have to send their mails to many addresses,
I can't sleep all night! It is OK that your students send e-mails from each
address, but please write one address that I send back to them.

 Second, I have 120 students, but they are just beginners of English.
They started studying English 2 years ago. They could have about 200 hours
English lessons. So they don't have so much confidence to communicate in
English. I will welcome that they make groups to write e-mails.
In most the number of students in a group is three.
So I can accept about 40 keypals, maybe. If your class has 20 students or so,
it is very good for us.

The aim of my e-mail lesson is to know how effective e-mail lessons work to
develop English writing ability. I need your help. Please send me back.
```

資料2　Key Pal 募集文例

交流したいときは "American Key Pal wanted" などのように書き入れます。さらに本文を書きます。例を挙げてみましょう（資料2）。望ましい Key Pal を見つけるために，自分の学校の状況（交信できる頻度やコンピュータの状況など）を伝えておきます。

　他の人々による Key Pal 募集の状況を見たいなら，Subject などはあけたままにしておき，本文に subscribe とだけ書き込んで e-mail を送ります。これで，世界中の相手校を求めている人たちからの e-mail が自動的に送られてきます。これをとりやめるときは，Subject などはあけたままにしておき，本文に unsubscribe とだけ書いて e-mail を送ります。

　相手校候補が見つかれば，まず，先生同士が交流を深め，互いの状況を理解しあうことが大切です。特に学校の休みの日程の違いは確認しておくべきでしょう。Key Pal からの返信の頻度が思っていたほど期待できない場合は，違った国の2〜3校の Key Pal を持つことです。返信がないと生徒たちはガッカリします。いずれかの相手校から返信は来るようにしておきたいものです。

② ガイダンスの実施

　実際に交信する前に，活動の目的や内容，礼儀についてのガイダンスを行いたいものです。特に礼儀については，相手があるだけに失礼にならないように気をつけるべきでしょう。また個人情報の保護という面から，生徒個人の住所や電話番号などは発信しないように強調しておきます（資料3）。

　スムーズな交流を続けていくためには，個人とグループの両方の ID の設定が不可欠です。生徒たちの名前の多くは，外国の生徒たちにはなじみのないものです。そのため名前のスペルをまちがって返信してくる場合があり，どの生徒への e-mail かわからず苦労することがあります。そこで，たとえば，3年1組出席番号1番の「平野太郎」君ならば，3年を表す "A" に続けて，クラスの "1" と出席番号の "01" を組み合わせた "A101" という個人 ID を与えます。"My name is Taro Hirano（A101）." と発信し，返信には必ず個人 ID を書いてもらうように Key Pal の先生に頼んでおくと便利です（資料4）。また生徒が使えるワープロやコンピュータの台数の制限から，グループを組まざるを得

3年生 E—Mail Lesson
ガイダンス

☆目標
　E-Mailでの交流を通じ、こんなことをしてみよう！
　　①知らない人、知らないことを知る喜びを楽しもう。
　　②言葉が通じあう喜びを楽しもう。
　　③コミュニケートできる力がのびる喜びを楽しもう。

☆期間と相手
・１９９７年４月から同年１２月までとします。
・交流相手は全世界の同年代の英語を使える人々です。
・先生が間に立つクラス規模での交流とします。

☆個人のIDについて
・個人のIDに当たるものはクラス-出席番号。この頭にAをつけます。
　　例）　３年１組１番は　A101，３年３組３９番は　A339となります。
　　　　e-mailには、毎回必ず書き出しに自分の名前とIDを書いてください。
　　例）　Hi, my name is Taro Hirano(A101).
　　　　Hi, our names are Taro Hirano(A101) and Hanako Hirano(A102).

☆班について
・個人で行ってもグループを組んでもかまいません。個人で行う場合でも
　グループとしての申請は行うこと。
・１クラス内のグループは３人までとします。
・班名は申請があったあと、先生が決めます。
　例）９７年度１班の班番号は9701のようになる。
・学期途中にグループの変更をする場合は、必ず届け出てください。
・e-mailは学校のフロッピーにDOS保存します。その時のファイル名は
　班番号(例 9701)で保存してください。また、各人がバックアップを自分のフロッ
　ピーにしておいてください。その時のファイル名は日付がよいと思います。
　(例　５月１日なら　0501　)

☆注意事項(これだけは気をつけてネ!!!)
・各人がそれぞれの誇りにかけて、モラルに基づき活動すること。
　(悪口、陰口、匿名、人の名をかたることなどは避けましょう。)
・人間として理性ある行動をとること。
・日本の国内法にふれるような情報の提供をもとめないこと。
　(例　非合法な物を送るように依頼すること、など)
・住所や電話番号など、個人を限定され悪用される危険性のあるプライバシーに関
　する情報は発信しないこと。
・困ったことがあれば、必ず先生に相談すること。

資料３　ガイダンスプリント

1 E-mail——165

Dear.Caparysha
  Thank you for your letter. Our name are Yoshiko(A231),Yuko(A223)and Mayu(A221).
We are Japanese girls. We are in the 9th grade.   Yuko have many brothers and sisters.
Yoshiko has one brother and one sister. Mayu has two sisters.
Yuko don't have sister and brother. By the way, Yuko's favorite sport is tennis.
Yoshiko and Mayu don't like sport. We like "pizza",too.   Do you have a boyfriend?
Are you cool?   What do you like movie star?   Please answer these questions.
Good bye!!!!!
         Sincerely, Yoshko, Yuko and Mayu.

Dear Yoshko(A231),Yuko(A223),and Mayu(A221),
  Thank you for writing me. I think its cool that I have people to communicate with thats not in my country. I always like to get to know people thats different from me. That way you can learn more about stuff you don't know about. Also I love your name I think it's so cool. Maybe when I get older I might name one of my kids a japanese name.
         No I don't have a boyfriend. But I do like a boy. Do you Have a boyfriend?   Yes I am cool. Also I'm very popular most people know me, and I'm very good with little kids, and I have favor with most teachers at this school that I had so far. My assistaant princioal for 7th graders, Mrs. Angel calls me her detectiva because I always help her with fights or when people get hurt. My favorite movie star is Robin Williams, because he is very funny. Nice talking to yo
     Your true friend,
        Caprysha

Dear.Caprysha
  Thank you for your   letter.   We know   "Robin Williams".   We watched his movies.
We don't have a boy friend.   But, do you want boy friend?   Do you like Maickal Jyackson?
We like "BAD".   And do you know "Spice Girls"?   What is your hobby?   Yoshiko's hobby is painting.   Mayu's hobby   is watching movies. Yuko's hobby is playing tennis.
Please send us your letter again.   Bye!!!!!!!!!!!!!!!!!!!!!!!!!!!
            Your friends
              Yoshiko(A231), Yuko(A223)and Mayu(A221)

Dear Yoshiko(A231), Yuko(A223), Mayu(A223)
Hello, I'm glad you answered me back. So how's Japan. America is fine, so is Florida. Guess what happen to me monday mornong, my ride that drops me off at my bus stop ran over my foot and it hurts very badly. I have to walk in crutches for 7 days if it still hurts   after 7 days I have to go see a bone docter.
Let's drop this subject and get down to another subject.
Now I'm going to answer your questions.   I do not want a boyfriend because I think I'm to young. And need more time to live my life before I try to have another person in my life to love. Plus I think that boys my age are to imature. Yes I do Know Michal Jackson but I don't like him but I like his song you are not alone. I also know spice girls they are so wild.
    Lease answer these questions.Can any oen of you sing well? What is your favorite basket ball team? Are you interested in America. How do you feel about e-mail?
Your true friend,
        Caprysha

資料4　E-mail 交流例

　ない場合があります。その際には，それぞれにグループ ID を与えておくとデータの保存・整理が簡単です。たとえば，"A 101"，"A 102"，"A 103" の生徒のグループに "01" という ID を与えておけば，どの生徒がどのグループ所属しているか，簡単につかむことができます。

（2） 活動の実際

① E-mail の作成と保存

　活動を始めた頃，英語に関する質問には，「辞書を使いなさい」などと自分で調べるように言っていました。しかし，やがて，その作業が生徒には「めんどう」で興味の持続に水をさすように思えてきました。そこで「先生は Walking Dictionary」と名をうち，疑問には積極的に答えるような方針に変更しました。

　交流の最初の自己紹介文を書くときには「魅力的な内容を書くと返事が来やすいよ」と伝え，「自分の趣味などオリジナルな内容」「相手が知らないローカルな情報」「相手も知っている共通の話題」「相手の学校のことなどへの具体的な質問」を盛り込むことを奨めました。また，単語のスペリングや文法の誤りは，ある程度大目にみました。「正確さ」よりも「情報をやりとりする楽しさ」に活動の重点を置いたからです（Key Pal もしばしばスペリングミスはしていました。ラフな感じで"See you"を"C-U"などとしている返信もありました）。結果的に「まちがいを直さなければならない」という呪縛から教師も解放されました。意味が通じない場合は，直接 Key Pal から「これはどういうことなの？」という返信があります。また Key Pal の俗語などわからない表現は，こちらからも質問の e-mail を送ります。つまり教師によって教えられるのではなく，生徒同士がお互いの理解が深まるよう，教え合っていくことになります。

　できあがった e-mail は，まず生徒自身のフロッピーディスクに保存させます。その際「Text ファイル保存（Dos 保存）」させます。Key Pal の使用するワープロソフトはそれぞれ違います。そのためこの基本的な形式で e-mail を送らないと，相手のワープロでは読めないことがあるのです（どんなワープロにもデータを保存するときには，この方法が選べるようになっています）。次に学校で用意したフロッピーに，グループ ID をファイル名として同じように保存させます。教卓にフロッピーを置き，グループリーダーが取りにきま

す。保存が終わればすぐに返却させます。20グループぐらいまでなら，4枚程度のフロッピーで十分です。2～3校と交流している場合は，フロッピーごとに相手校別に通し番号を書いておくとわかりやすくなります。

② E-mailの合体と送付

　まず，学校のフロッピーに保存された各グループのe-mailを一つに合体させます。ワープロ文書を一つ作り，たとえばファイル名は2001年4月10日発信なら「010410」とします。次に生徒のe-mailを「カットアンドペースト（各e-mailを切り取って張りつけていくこと）」で「010410」に合体させ，一つのまとまったものにします。E-mail通信ソフトの中には，この作業をドラッグ・アンド・ドロップ（データをマウスボタンを押して引っ張っていくこと）で簡単に合体させることができるものもあります。こうしてできあがったものをKey Palの先生に送ることになります。

　こちらから先にe-mailを送付した場合，だれとだれをKey Palにするのかというマッチングは，相手の先生にお願いすることになります。相手から先に届いた場合は，こちらでマッチングをすることになります。届いたe-mailを張り出して，好きな相手を授業前に選ばせてもよいし，それぞれのe-mailを切り分けておいて，くじ引きのように取り合いっこをさせてもよいでしょう。

③ 返信の印刷と配布

　やがて返信が返ってきます。Key Palの先生も同じように，合体させて返信してくれれば作業は大変楽になります。返信のe-mailをプリンターで印刷して，その紙を宛名ごとにはさみで切り分ければよいだけだからです。クラスごとにID番号を目当てに分別していきます。それらを各クラスごとの係の生徒を通じて返

写真2　返信を読む生徒たち

すように頼んでおけば，次の授業までに生徒たちは新しいe-mailの構想を練ることができます。生徒の合意が取れれば掲示板に張り出してもよいでしょ

う。互いの返信を読み合うことで，情報を分かち合うことができます。相手が何らかの事情で合体させて送り返せない場合，返信をそれぞれ単独で印刷するか，こちらで合体させ印刷することになります。

ほんの何度かのやりとりでも，生徒たちは生き生きと活動します。海外からの便りを受け取った経験がはじめてという生徒がたくさんいますし，何よりも返信の最初に"Dear〜"と自分の名前を見つけたときのうれしさは，相当なものなのです（写真2）。

④ 活動の広がり

文字による情報交換だけでは，マンネリになることがあります。このような場合，刺激としてデジタル写真の利用が効果的です。E-mailに添付したファイルでデジタル写真を交換し，印刷して掲示板に張り出すと生徒の関心が高まります。

また，普通郵便での交流を補助手段として活用することもできます。

写真3　届いたクリスマスプレゼント

クリスマスを控えたある日，生徒の一人が「クリスマスプレゼントを送りたい」と言い出しました。生徒たちに尋ねてみると大半が同意見です。そこで「軽いものに限る」ことを条件に，「クリスマス・パッケージを贈ろう」プロジェクトを開始しました。手書きの手紙に写真やイラストを添え，日本の歌のカセットテープや聞かなくなったCD，絵はがき，さらにメッセージを録画したビデオテープも同封して送りました。クリスマスの直前に，相手校からもプレゼントの小包が届きました（写真3）。興奮のうちに箱を開け，分け合っていました。同様のことが海の向こうでも起こっていました。相手校もこの活動を高

く評価し，特にビデオでのメッセージは他教科の先生方にも好評だったようです。

⑤　トラブルを解消するために

時にトラブルも起こります。ある相手校の先生から「ボーイフレンドについての話題は避けてもらえないか」という依頼がありました。交流相手が少し年下であったこと，その国ではあまりに若い世代で父親や母親になるものがいることが社会問題の一つであること，が原因でした。生徒の文には一応目は通していたのですが，やはりそこまでの配慮は至らなかったのです。陳謝するとともに，日本での「ボーイフレンド」という言葉のニュアンスを伝え，理解してもらいました。

最新の設備があり生徒が自由にそれを利用することができれば，それは本当にすばらしいことです。しかし反面，確固たる規制・規律が成立途中のネットワークの中では，利用に際して，自己責任ときちんとした道徳観が必要となります。一見不便に見えても教師が仲立ちとなることは，あるいは望ましいことなのかもしれません。

● 今後の課題と可能性

E-mailはあくまでもコミュニケーションの一つの方法に過ぎません。その交流は文字情報が主であり，お互いの目と目を見つめ合い，感情を込めた直接的なやりとりには及ばないように思います。また，基礎・基本にかかわる英語の「正確さ」をどこまで生徒に求めるべきか，という問題もあります。さらに生徒たちの活動をどのように評価したらよいのか，ということも考える必要があります。新しいメディアを使ったコミュニケーション活動ですので，解決すべき課題も多くありますが，試行錯誤の中にも，まず教師が挑戦してみることで，その可能性を拡げていきたいものです。

2節　ホームページ

● 活動の内容とねらい──ホームページの意義と楽しさ

　ホームページとはインターネット上で，文章と写真などを組み合わせて提供される情報形式のひとつです。イメージとしては絵本を思い浮かべればよいでしょう。世界各地で数え切れないホームページが作られ，さまざまな個性的な情報が提供されています。また，ホームページは英語によるものが多く，生きた教材として使うことができます。たとえば，http://deil.lang.uiuc.edu/exchange/ につなぐと，世界中の英語を勉強している人たちが書いた物語やニュースを得ることができます。これらは読み物としても魅力的で，リーディング教材として利用できるのはもちろんですが，ホームページの利点は自分たちの作品を応募・登録できることにあります。

　つまり，e-mail が個人間の情報交換を行うのに対して，ホームページは多人数の相手との情報交換ができるのです。もちろん，画像だけではなく，音声情報も発信・受信できます。大統領のスピーチなど，リスニング教材として活用することも可能です。

　さらにホームページはデジタル化された情報ですから，紙の上に書かれたものと違い，時間がたっても汚れたり傷んだりしません。ですからホームページの形で作品を保存しておけば，何年たっても制作時の美しい状態で情報を保ち続けることができます。

　このホームページをライティング活動に利用すれば，生徒たちはさまざまに工夫を凝らし，「半永久的に後世に伝わる」しかも「世界中の人々に向けての」メッセージ作りに生き生きと励むことになります。

● 準備物

　E-mail での活動と同様にコンピュータかワープロが生徒2〜3人に1台必要です。また，できあがったホームページを保存し閲覧できるようにするため，

インターネットに接続されたコンピュータが1台，さらにデジタルカメラやスキャナーが必要となります。

● 活動の進め方と指導のポイント

（1） 活動前の準備

① ホームページに載せる写真の用意

　デジタルカメラなどで撮影後，写真をコンピュータに移します。写真はいろいろな形式で保存することができますが，ここでは現在よく使われているjpg（ジェイペグ）方式での保存とします。写真には分類しやすいように名前をつけておきます。たとえば，「桜」の写真を撮った場合，その写真の名前を「sakura.jpg」としておきます。「sakura」のあとに半角の「.」を打って写真の形式である「jpg」をつけておくわけです。また，デジタルカメラ以外にも，スキャナーを使って普通のカメラですでに撮影した写真をコンピュータに移すことも可能です。

② ホームページの「基本の枠」の作成

　最近ではさまざまなソフトが現れ，中にはワープロ感覚でホームページを簡単に作れるものもあります。ですから，実際にホームページを作成するときには，一番新しいソフトウェアの使い方を解説書でマスターするのがよいでしょう。とはいえ，それらは複雑で素人の手にはあまる場合があります。次に示すような「基本の枠」を事前に用意し，生徒たちに写真や絵のファイル名と自分の文章をはめ込めさせれば，一応ホームページ形式の作品を作ることができます。先ほどの「sakura.jpg」を使って簡

資料I　hanami.html

単な例を示してみましょう。「桜」の画像の下に「春だ、桜だ、満開だ!! みんなで楽しいお花見だ!!」という文章が入ったホームページを作成してみました（資料1）。このホームページは次のような構造になっています（資料2）。

「基本の枠」はText ファイル形式（E-mailの項参照）を使って作ります。〈 〉で囲まれた箇所は、「←」の説明のようにするためのコンピュータへの指示です。

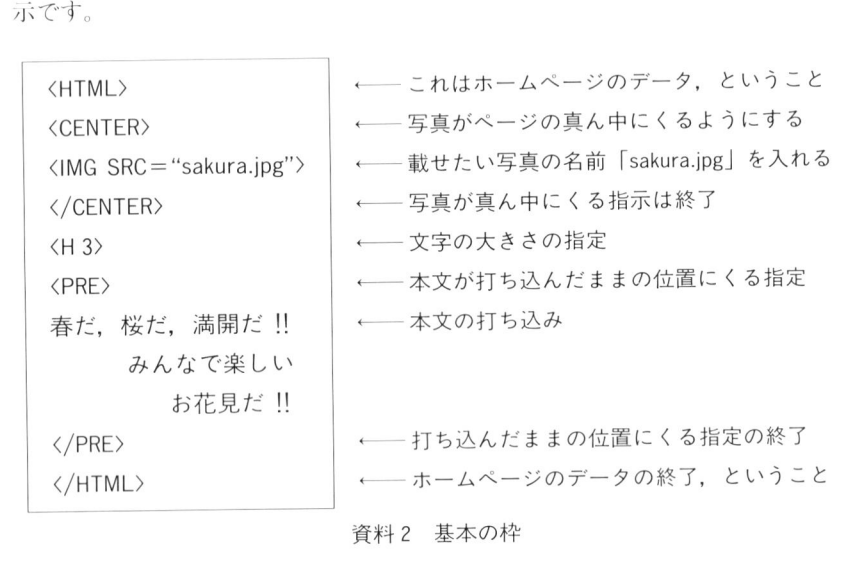

```
<HTML>                    ←── これはホームページのデータ、ということ
<CENTER>                  ←── 写真がページの真ん中にくるようにする
<IMG SRC="sakura.jpg">    ←── 載せたい写真の名前「sakura.jpg」を入れる
</CENTER>                 ←── 写真が真ん中にくる指示は終了
<H 3>                     ←── 文字の大きさの指定
<PRE>                     ←── 本文が打ち込んだままの位置にくる指定
春だ、桜だ、満開だ!!       ←── 本文の打ち込み
  みんなで楽しい
    お花見だ!!
</PRE>                    ←── 打ち込んだままの位置にくる指定の終了
</HTML>                   ←── ホームページのデータの終了、ということ
```

資料2　基本の枠

できあがった「資料2」を、コンピュータでホームページ形式に変えてみましょう。今、仮に「資料2」を「hanami」と名づけておきましょう。「hanami」を保存する際に、そのデータ名を「hanami.html」と保存します。htmlというのは、このデータを、「Text形式」から「ホームページ形式」に変える指示のことと考えてください。特に「hanami」と「html」の間に「．」を半角で打つことを忘れがちですので気をつけましょう。こうしてできあがった「hanami.html」と「sakura.jpg」を同じフォルダ（データを保存しておくひきだしのようなもの）に入れておけば、完成です。

（2） 活動の実際

実際に修学旅行の体験談と学校の施設の紹介のホームページを，英語で生徒に作らせました（資料3，4）。学校の施設はデジタルカメラを使って生徒たちに撮影させ，修学旅行の風景は普通のカメラで撮影した写真も，スキャナーで取り込み活用しました。これらの画像はそれぞれに名前をつけ，プリントアウトして張り出します。グループを組んでの活動も認め，生徒たちは張り出された画像の中から好きなものを選び，名前とその説明文を「基本の枠」に書き込むという方法で，活動を簡便化しました。

書き込みの完成した「基本の枠」は e-mail の活動時と同様にグループ ID をファイル名としてフロッピーに保存，提出させます。あとは教師がコンピュータで html 形式で保存しなおせばできあがりです。

これらの生徒作品をコンピュータに保存し，自由に閲覧できるようにしておきます。種類ごとに整理しリンクを張れば，生徒は自分や友人の作品を楽しんで鑑賞します。細かな文法の誤りはあるものの，伝えたい内容を各々理解して

School Trip from June 4th to 7th in 1997

We went to Kamikouchi in our school trip.
But, we had much rain. So we couldn't go Tokusawaen in Kamikouchi.
It make us very sad. But, we could buy souvenirs for our family at Kappa birdge.
It was a little good thing. There are shops which have intresting souvenirs.
For exanple, "Kappa no namida". It is pice of glass which left by traverer.
It says , "Don't leave trashes!".

* Back to the front page

資料3　修学旅行体験談：上高地

This is our courtyard

```
We will introduce about our school's court.
It has peach tree, cotton plants, fragrant olive and cherry tree.
Spring‥‥‥cherry tree has a lot of flowers, and new students
         enter a school a junior high school.
Summer‥‥‥We can see so many trees and grasses here
         and all the leaves are green and fresh.
         We can see some of students have a lunch.
         It's one page of the youth.
Autumn‥‥‥All leaves turned red and we can smell
         sweet fragrant olive and some of students
         practice school festival's play.
Winter‥‥‥Some of students feel lonely in the year and
         leaves fall and sometimes we have snow.
         We can't use balls here of all year,
         but we feel Japanese sprit here.
****************************************************************************
         We have a nice court yard.
         Please look at the picture.
         In summer grass carpeted the courtyard.
         In fall dead leaves carpeted there.
         In winter snow carpeted there.
         It is very beautiful.
         It warms our hearts to go there.
         There are a lot of tree.
         For example a cherry tree, an ume and a camellia.
         One of the biggest tree is higher than our shool building.
         Those trees have still watched us.
```

* Back to the front page

資料4　生徒作品：学校紹介

いました。

● 今後の課題と可能性

　ホームページを通じての情報発信は，不特定多数の人々の目に触れることになりますから，個人情報の保護に細心の注意を払わなければなりません。具体的には，「氏名や住所」「顔写真」などは公開すべきではないと考えられます。

　また著作権の問題にも配慮すべきです。個人的にパロディとして楽しんでいるつもりでも，それをホームページ上で公開すれば著作権の侵害になることが十分考えられます。学校の授業という公の場での活動ですから，このようなことを念頭に置いて指導を行いたいものです。

　しかし，このようなことに注意を払って活動を続ければ，ホームページを活用しての授業は実りの多いものになる可能性があります。たとえば，ホームページ形式による生徒作品がデータベースとして残っていくことが考えられます。従来は時の経過とともに失われていた，先輩たちの「息吹」を後輩たちはそのまま鑑賞し，学習に役立てることができます。また，先輩たちの作品を改良してより質の高いものを作り出すこともできるでしょう。

　今後のさらなる技術革新も期待できる中，さまざまな活用の方法を模索していきたいものです。

3節　国際電話

● 活動の内容とねらい

　生徒に国際電話を実際に使わせることにより，電話のかけ方，電話で話すときの表現やマナーを身につけさせるとともに，今まで習った事柄を総合的に使う機会を与えることができます。また教室という垣根を越えて英語を使わせることで，世界のさまざまな国で英語が使われていることを実感させることができます。事前指導や事後指導で手紙や電子メールを利用すれば，さらに国際交流の輪を広げることができるでしょう。

● 準備物

　普通の電話で国際電話をかけても，もちろん話はできるのですが，相手の顔が見えるとより親しみがわき，話も盛り上がります。それを可能にするのが「ルマホン」というテレビ電話です。

　この電話を授業で利用したい場合，テレクラス・インターナショナル・ジャパンという非営利教育団体から貸与されます。電話の上部に小型カメラとモニターがついており，こちらの画像を相手に送り，相手の画像をこちらで見ることができます。静止画像だけしか送ることはできませんが，遠い国にいる相手の顔を見ながら電話で話ができるということで，生徒に大きな感動を与えることができます。

● 活動の進め方と指導のポイント

（1） 活動前の指導と準備

① 環境整備

授業を行うためには，まず環境整備が必要です。

1）　使用教室に電話回線を引く。

　管理職や事務と相談して，LL教室などに電話回線を引いてもらわなければなりません。電話回線の使用を認めてもらえれば，電話線を事務室からLL教室まで伸ばすだけの工事ですみ，スイッチを切り替えれば，LL教室からいつでも国際電話がかけられる状態になります。なお，この工事費用はそれほど高額でなく，本校の場合は4万円弱でした。

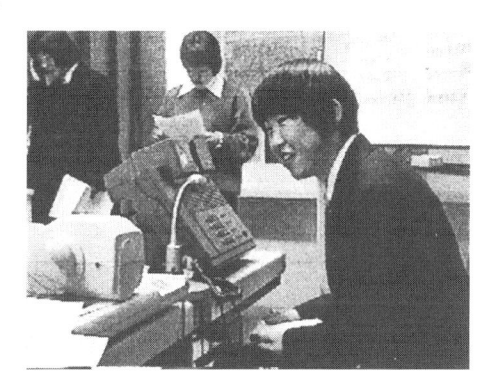

2）　ルマホンを借りる。

　テレクラス・インターナショナル・ジャパンに連絡を取り，ルマホンを貸与してもらいます。ルマホンは小学校から高校まで日本全国さまざまな学校に貸与されているので，貸し出しが可能かどうか確認が必要です。テレクラス・インターナショナル・ジャパンの連絡先は次の通りです。

　　　代表：髙木洋子氏
　　　大阪府高槻市塚脇1-11-25
　　　TEL：0726-88-3415　FAX：0726-80-2115
　　　URL：http://www1.sphere.ne.jp/Teleclas/

3）　ルマホン設置校のリストを手に入れる。

　ルマホンを手に入れても，ルマホンを設置している海外の学校名や連絡先がわからなければ，画像をやり取りする交信はできません。テレクラス・インタ

ーナショナル・ジャパンではルマホン設置校のリストもありますので利用させてもらうとよいでしょう。なお，主な設置地域は，オーストラリア，中国，フランス，韓国，マレーシア，ニュージーランド，フィリピン，シンガポール，タイ，イギリス，アメリカなどです。

4) 予算と相談し，一人あたりの通話時間を決める。

今回の実践：2クラスを4グループに分け，1回ずつ，30分ずつ実施しました。また，一人1分間少々で全員にという方法も考えましたが，内容のある会話ということで，各グループ5人，一人5～6分という方法で実施しました。予算化が実現すれば，全員に経験させたいものです。

現在，昼間の国際電話の通話料金は以下の通りです。（KDDIホームページより）

最初の1分間6秒ごとに
アメリカ合衆国　6円　　グァム　　19円
シンガポール　　19円　　イギリス　15円
韓国　　　　　　13円　　フランス　20円
オーストラリア　21円

② **通話のための準備と指導**

通信機器の環境整備が整い，大まかな計画が決定すれば，相手校とコンタクトを取ります。電話，ファックス，電子メールなどでトピック，交信時間帯，（メンバーとの）交信相手名，事前学習について打ち合わせが必要です。

また相手校との打ち合わせに応じて，指導が必要です。今回の相手はニュージーランドのさまざまな国籍の学生が英語を学ぶ語学学校でした。トピックは生徒の興味，関心を考慮し，バレンタインデー，家庭における男女の役割，学校生活，アルバイトとし，クラス

ごとに具体的なトピックを指定し，・国際電話のかけ方，・電話の会話の始め方や終わり方，・それぞれのトピックの会話に必要な表現，および・電話の予行演習としてＱ＆Ａを指導しました。また電話によるコミュニケーションの体験活動としては邪道かもしれませんが，生徒にとってはじめての経験なのでトピックについて会話を進め満足感が得られるように，あらかじめファックスで質問を交換しあい，それらについて説明できるように放課後や家庭で準備させました。電話で交信をしているときだけが勉強ではなく，準備の段階から勉強が始まっているのです。

　次のページに示すのは，実際に相手校と連絡を取り合った打ち合わせのファックスです。

（２）　活動の実際

　交信をする５人の生徒はＬＬ教室に設置したルマホンのところで順番を待ち，他の生徒は各自の席でテレビモニターに映る交信相手の顔を見ながらヘッドホンを通じて会話を聞きます。一人目の生徒の交信が始まると，生徒は聞き耳を立て，"Hello." の声が聞こえると，「オー」とどよめきが起こり，相手から顔の画像が送られると拍手喝采が起こりました。

　会話はほぼトピックに沿って進められましたが，時には話が脱線し，答えに詰まってしまうこともありました。相手もニュージーランドの語学学校の生徒ということで，国籍もタイ，韓国，インドネシア，スイスなどさまざまでした。彼らにとっても英語は母国語ではないためわかりにくい部分もありましたが，お互い対等な立場で話ができたように思います。

　５人目の生徒が話を終えたときには，ヘッドホンをつけて聞いていた生徒も声をそろえて，"Good by. Sayonara." とあいさつをし，交信を終えました。以下，実際に行われた生徒たちの会話を掲載します。

① *Simon*：Hello．This is Simon．
　Shizuka：This is Shizuka．

Dec. 24, 1996

Dear Jeanette & Christopher Watt

Re: Lumaphone Class:

I am planning to have lumaphone class next Februray, and I am wondering if you would like to contact with us through lumaphone. This contact would definitely be a great experience for your students as well as our studetns. If you are interested, please let us know by fax. We look forward to hearing from you.

Date & time:
1) Feb. 14th, (11:45a.m. - 12:35p.m. Japan Time)
2) Feb. 17th, (2:15p.m. - 3:05p.m. Japan Time)
3) Feb. 18th, (8:40a.m. - 9:30a.m. Japan Time)
4) Feb. 19th, (8:40a.m. - 9:30a.m. Japan Time)

I have four different classes, and I would like to give the same opportunity for my students. So if possible, I would like you to offer four different classes on the dates above.

Our students' level:
Our students are 15 or 16 years old, and Their level of English is not so high. Most of them have been learning English (mainly reading and writing) for about four years. But they are all interested in speaking with students in other countries.

Topocs:
I would suggest that we should choose easy topics to talk about. How about:
1) St. Valentine's Day
2) Part time job
3) School life
4) Men's and women's roles at home
If you have any other good topics, please let me know.
The time we could talk in one class is about 20 to 30 minutes. So the appropriate number of the speakers is about 4.

My best regards,

Shigeo Tsuruoka
Teacher of English
Hirakata High School   Phone:81-720-43-3081
                       Fax :81-720-41-8333

Simon : Would you repeat it again ?
Shizuka : Shizuka.
Simon : OK. Shizuka. Do you have a question for me ?
Shizuka : In Japan, we have an image that women should do housework and men should work outside. What do you think about it ?
Simon : I think it's good.
Shizuka : Do you have the same image ?
Simon : Between men and women ?
Shizuka : Yeah.
Simon : Yes, the same image.
Shizuka : Do you think that it is impossible for women to do men's work ?
Simon : I think women can do the men's work. It's all right for me.
Shizuka : Why do you think so ?
Simon : Because men and women have to cooperate. That's all.
Shizuka : Do you have a question ?
Simon : I have a question for you.
Shizuka : Yes, please.
Simon : What do you think about men and women role in Japan ?
Shizuka : In Japan we had feudal society about one thousand years. And we had been influenced. But recently there is a movement that is called equality between the sexes. I think it is great.
Simon : Thank you. I have a man. His name is Patrick. And he is going to talk with you.
Shizuka : OK. I'll switch to the next student.

　男女の役割の問題とトピックに会話が進められました。家庭内での男女の役割について質問したあと，サイモン君の答えに合わせてうまく関連した質問ができました。また，サイモン君から日本での男女の役割について質問が出たときに，予想していた質問であったのでスムーズに答えることができました。

② *Akiko* : My name is Akiko Shimomi.
Patrick : Hello. I'm from Switzerland. And I will send my picture to you.
Akiko : Yes, please.
Patrick : Will you send a picture for me?
Akiko : Yes.
Patrick : I got your picture.
Akiko : Do you like my picture?
Patrick : Yes. Do you think man should be the only leader in the family?
Akiko : Yes.
Patrick : Why?
Akiko : I don't know.
Patrick : (laughs) Do you have a question?
Akiko : Do your parents work?
Patrick : Yes, my parents work. No, only my father is working.
Akiko : How about your mother?
Patrick : She is working at home. How about your parents?
Akiko : My parents work.
Patrick : Your father and mother?
Akiko : Yes. My father works at a shop.
Patrick : OK. For a change. Our next student is Ki Yeon. Bye.
Akiko : Bye.

あきこさんが送った自分の顔の画像はあまりよい表情ではなかったのですが、とっさのアドリブで Do you like my picture? と尋ね、どっと笑いが起

こりました。その後，会話が和やかになりました。家庭内で男性がリーダーになるべきだという理由を聞かれましたが，理由が思い浮かばず，準備不足のため話が深まりませんでした。後半の具体的な家庭状況についてはスムーズに話が進みました。

・活動後の指導と評価

すべての通信終了後，簡単に内容の確認（日本語でも可）と発表者の評価を口頭で行います。特に良かった点を取り上げ，今回発表できなかった生徒にも「次は私が話してみたい」という気持ちにさせるとよいでしょう。

● 今後の課題と可能性

実際に授業を終えて，いくつかの反省事項が出てきました。

① 5人の生徒は一生懸命話をし，ある程度満足して授業を終えましたが，残りの15人はヘッドホンを通して会話をモニターするだけだったので，十分に参加することができず不満が残りました。交信時間をもう少し増やしたり，年間計画の段階で予算を取り，年数回行うのが理想的です。

② 今回は予算の関係上，1年に1度しか交信できず，単発的な授業で終わってしまいました。手紙や電子メールなどのやり取りをし，あらかじめ相手のことを知ったうえで交信を行うとより深い内容を電話でやり取りできるようになるでしょう。

③ ルマホンのようなテレビ電話がなくても，国際電話を利用した授業は可能です。画像を送ることが不可能でも，生徒は世界各地で英語が使われているということを実感でき，学習してきた英語を実際に使わせることができます。

④ 今後コンピュータがより使いやすいものになり，簡単にビデオカメラなどと接続し，その画像を海外の学校とやりとりすることができるようになると思われます。そうなれば，文化の紹介，学校の紹介，さまざまなテーマでのディスカッション，ディベートなどを行うことができるかもしれません。もちろん日頃の授業でそのような活動を取り入れておくことが前提になります。

4節　テレビ国際会議

● 活動の内容とねらい

　授業で国際電話を利用することが定着し，そのような活動を行う学校が増えれば，いくつかの日本の学校が集まり，海外の学校とテレビ国際会議を持つことも可能になります。実際，大阪でAPECのあった翌年1996年に，大阪でテレクラス・インターナショナル・ジャパン主催による高校生版APEC（Student APEC）が開催されました。高校生たちは日常生活，学校行事，クラブ活動，文化，スポーツ，進路などについて活発な討論を繰り広げました。参加校は大阪の公立高校が4校，私立高校が1校，海外からはタイ，韓国，フィリピン，マレーシアの高校が参加しました。それぞれの学校の代表者は壁に取りつけられた大きなスクリーンを通して交流を深めたのです。

● 準備物（設備）

　大阪府内の複数の学校が集まってテレビ国際会議を開くため，会場と設備はKDDにお願いしました。ビデオカメラ，特大のスクリーンモニター，音声と動画を送るための機器，および発表ステージを用意していただきました。

● 活動の進め方と指導のポイント

（1） 活動前の指導と準備

　基本的には授業で行う準備と同じです。5名前後の各校の代表者が自分たちで決めたテーマに沿って海外の高校生にとってわかりやすい説明を考えます。同時にそのテーマに関して相手国のことで知りたいことや聞きたいことを質問としてまとめます。説明するのに必要な絵を用意したり，日常生活を撮ったビデオを編集したり，スポーツや書道を説明するのに実演をしたりとテレビ国際会議を意識し，ビジュアルな準備を行いました。また生徒によっては漢字の意味当てクイズも用意し，生徒たちは象形文字から意味の成り立ちを説明しようと図書館に通いました。

（2） 活動の実際

　当日は次のようなプログラムが組まれました。
① 　オープニング　各国「高校生の1日」紹介
　　　自国の高校生の1日を映像を通してビジュアルに紹介する
② 　トピックⅠ：「教科」
　　　学校独自のユニークな教科を紹介する
③ 　トピックⅡ：「教科外活動その1」
　　　クラブ活動を紹介する
④ 　トピックⅢ：「教科外活動その2」
　　　学校行事，ボランティア活動を紹介する
⑤ 　トピックⅣ：「進路」
　　　高校卒業後の進路，大学入試について紹介する
⑥ 　クロージングメッセージ
　　　パシフィック・リム・アピール

　オープニングの「高校生の1日」紹介では，学校，家庭，市街地などにビデオカメラを持ち込み，朝起きてから寝るまでの高校生の生活を編集し，英語で

紹介をしました。

クラブ活動の紹介では体育系クラブ、文化系クラブの中から特に日本的な柔道と書道を取り上げました。柔道ではその歴史、帯の種類、また技の種類などをデモンストレーションを交えて説明しました。書道ではデモンストレーションとともに半紙に書いた「鳥」という漢字の意味当てクイズを行いました。

最後のクロージングメッセージでは各国の代表全員が We Are the World を歌い、再会を誓い、これからの交流がさらに深まることを約束しました。

参加生徒の一人は次のような感想を書いてくれました。

〈この Student APEC の参加の話を聞き、海外とのテレビ会議にも、海外の高校生との交流にも興味があった私は、思い切って参加することにしました。英語に自信があったわけではありません。本番への準備が始まり、クラブ紹介として柔道と書道を取り上げました。私は柔道着を着て、型を紹介する担当になったものの、柔道をした経験もなく不安でした。昼休みを使って、体育の先生に基本的な技を教わりました。いざ本番になると、緊張も忘れて、ただただテレビの向こうにいる相手と話すことが楽しく、いつのまにか時間が経っていました。"参加してよかった"と思う気持ちと同時に、自分に自信がついたようでした。何事も経験だと改めて思いました。〉

他の参加生徒の感想には以下のようなものがありました。

・いろいろな国の人たちの意見が聞けてよかった。
・映像を通じてだが、外国の人と話をしたと実感した。
・時間が足りなかった。もう少しディスカッションをしたかった。
・英語が少し難しかったが、最後は感動して、いい経験になった。
・プログラムがきちんと決まっていたので、もう少しアドリブのある話し合いがしたかった。

● 今後の課題と可能性

　Student APECでは各国の高校生がテレビ電話を通して一堂に会し，日頃考えていることを述べ合いました。各校の代表ということで限られた人数であり，また各校で準備を進めるので全体としての構成のまとまりという点でしばしば問題が出ます。しかしこの代表の生徒たちが自分たちの学校に戻り，この体験を語り継げば，さらに世界への輪が広がるに違いありません。

　現在，コンピュータを使った通信機器の進歩はめざましく，年々機能を充実させています。多くの学校にインターネットに接続できるコンピュータが設置されつつあり，動画を送ることができる通信ソフトを使って，学校単位でこのような活動ができるようになってきています。

　また，このような活動を支えるのは世界を視野に入れた毎日の授業であり，コミュニケーションを大切に考える教師の姿勢だと思われます。4技能，文法，語彙などの指導とのバランスを取りながらいかにコミュニケーション活動を取り入れていくかが授業設計・授業運営での腕の見せどころとなるでしょう。

参 考 文 献

鹿毛雅児（2000）「自ら学ぶ意欲」『教育展望』第46巻第2号，教育出版
北尾倫彦（1991）『学習指導の心理学』有斐閣
樋口忠彦（編著）（1995）『個性・創造性を引き出す英語授業―英語授業変革のために』研究社出版
樋口忠彦（1998）「教案作りのススメ」『現代英語教育』第35巻第2号，研究社出版
樋口忠彦（2001）「最初の授業でこの1年が決まる」『英語教育』第50巻第1号，大修館書店
髙橋一幸（1990）「言語活動を中心に据えた英語指導の実践研究(II)―中学第1学年におけるコミュニケーション活動の実践」大阪教育大学紀要　第Ⅴ部門第39巻第1号，大阪教育大学，pp. 13-25
髙橋一幸（1995）「英語教育時評―リスニングの指導」『英語教育』第43巻第10号，大修館書店，p. 37
髙橋一幸（1995）「英語教育の今日的課題に対する現場的考察―「コミュニケーション」と「国際理解」をめぐって」研究集録　第37集，大阪教育大学附属天王寺中学校・附属高等学校天王寺校舎，pp. 265-287
髙橋一幸（2001）「リスニングにおける学習者の困難点とその指導法―中学校におけるListening for Perceptionの指導を中心に」神奈川大学　心理・教育研究論集　第20号，神奈川大学教職課程研究室，pp. 62-73
樋口忠彦（編著）（1989）『英語楽習―クイズ・ゲームからコミュニケーション活動まで』中教出版
樋口忠彦（編著）（1996）『英語授業Q & A―教師の質問140に答える』中教出版
高井　潤（1998）「必要性のある情報交換を通して，英語使用の必然性を充足した環境における英語のコミュニケーションをはかる態度と能力の伸長のためのインターネットの利用方法（主にe-mailを利用した文通について）の模索」大阪教育大学教育実践研究第7号，大阪教育大学教育学部附属教育実践指導センター
高井　潤（1997）「社会の変化に主体的に対応できる生徒の育成―コミュニケーション能力の育成を目指した活動」大阪教育大学教育学部附属平野中学校研究紀要

編者紹介

樋口 忠彦（ひぐち ただひこ）
　1941年生まれ。大阪教育大学卒業。大阪教育大学附属天王寺中・高等学校教諭，大阪教育大学助教授などを経て，現在，近畿大学語学教育部教授。専門は英語教育学。日本児童英語教育学会（JASTEC）会長を経て，現在理事。英語授業研究学会会長。(財)語学教育研究所評議員・パーマー賞委員。子どもの文化・教育研究所理事。
　主な著作に中学校検定教科書『ONE WORLD English Course 1～3』（代表著者，教育出版），『ONE WORLD Kids, Bird Course, Ant Course』（編集主幹，教育出版），『Our World, Book 1～3』（編集主幹，Longman Asia, ELT），『英語楽習』（編著，中教出版），『個性・創造性を引き出す英語授業』（編著，研究社出版），『英語授業Q＆A』（編著，中教出版），『小学校からの外国語教育』（編著，研究社出版），『小学校の英語教育』（編著，KTC中央出版），『児童が生き生き動く英語活動の進め方』（編著，教育出版），『小学校英語活動アイディアバンク―ソング・ゲーム集』（共編著，教育出版）他多数。

髙橋 一幸（たかはし かずゆき）
　1957年生まれ。大阪教育大学卒業。大阪教育大学附属天王寺中・高等学校教諭を経て，現在，神奈川大学外国語学部助教授。専門は英語教育学。(財)語学教育研究所より1992年度「パーマー賞」受賞。英語授業研究学会理事。日本児童英語教育学会（JASTEC）理事。(財)語学教育研究所評議員・パーマー賞委員。
　主な著作に中学校検定教科書『ONE WORLD English Course 1～3』（第1学年主幹，教育出版），『英語楽習』（共著，中教出版），『個性・創造性を引き出す英語授業』（共著，研究社出版），『英語授業Q＆A』（共著，中教出版），『授業づくりと改善の視点―よりコミュニカティブな授業をめざして』（単著，教育出版）他。

英語授業ライブラリー ❷

授業づくりのアイディア
視聴覚教材，チャンツ，ゲーム，パソコンの活用法

2001年10月2日　初版第1刷発行
2004年1月15日　初版第2刷発行

編　者　　樋口忠彦　髙橋一幸
発行者　　谷口　隆
発行所　　教育出版株式会社

〒101-0051　東京都千代田区神田神保町2-10
電話（03）3238-6965　振替 00190-1-107340

ⓒT. Higuchi／K. Takahashi 2001　　印刷　三美印刷
Printed in Japan　　　　　　　　　　製本　上島製本

落丁・乱丁本はお取替いたします
JASRAC　出0107466-302

ISBN-4-316-36830-3　C3337